ワクワク!!
ローカル鉄道路線

◆著◆ 梅原 淳

中国・四国・九州・沖縄編

ゆまに書房

もくじ

はじめに ④

01 JR西日本 **木次線** ⑥

02 JR四国 **予土線** ⑩

03 JR九州 **肥薩線** ⑭

04 一畑電車 **北松江線／大社線** ⑱

05 島原鉄道 **島原鉄道線** ㉒

06 JR西日本 **山陰線** ㉖

07 JR西日本 **芸備線** ㉙

08 JR西日本 **美祢線** ㉜

09 JR四国・阿佐海岸鉄道・土佐くろしお鉄道 **牟岐線／阿佐東線／阿佐線** ㉟

10 JR四国 **土讃線** ㊳

11 JR九州 **豊肥線** ㊶

12 JR九州 **吉都線** ㊸

13 錦川鉄道 **錦川清流線** 47

14 平成筑豊鉄道 **伊田線／糸田線／田川線** 50

15 肥薩おれんじ鉄道 **肥薩おれんじ鉄道線** 53

16 JR西日本 **小野田線** 56

17 JR西日本 **岩徳線** 58

18 JR西日本 **山口線** 60

19 JR四国 **鳴門線** 62

20 JR四国 **予讃線** 64

21 JR九州 **日南線** 66

22 スカイレールサービス **広島短距離交通瀬野線** 68

23 松浦鉄道 **西九州線** 70

24 南阿蘇鉄道 **高森線** 72

25 沖縄都市モノレール **沖縄都市モノレール線** 74

はじめに

　全国に広大なネットワークをもつ鉄道は、それぞれがさまざまな役割を与えられて建設されました。人々が都市と都市との間を高速で移動する目的で整備されたのは新幹線ですし、大都市のJR、大手民鉄、地下鉄各社の路線は、都心部への通勤や通学の足となるためにつくられました。今日では少なくなりましたが、大量の貨物を運ぶためだけの目的で線路が敷かれた路線も工業地帯を中心に健在です。

　そのようななか、もともと人があまり住んでいない地域ですとか、過疎化が進んだ地域を行く鉄道も各地で見られます。終点がある程度の規模の都市にあり、途中は人口がまばらなところというのでしたらまだしも、乗っているうちにどんどん人の気配が薄れていく路線も少なくありません。

　もちろん、こうした路線も立派な役割を担って建設されました。交通の便が悪かった地域に鉄道を敷いて人々や物資の移動に役立てると同時に沿線の開発や振興を図るとか、沿線で産出される品々を大都市に出荷するためであるといった目的です。しかし、いま、ローカル線と呼ばれる鉄道の多くは、計画されていたときの役割を果たせなくなってしまいました。時代の変化に伴って果たすべき事柄が消えてしまったのです。沿線の開発や振興は成し遂げられ、人々や物資の移動はより小回りの利く自動車に取って代わったからといえるでしょう。

　本書では全国を「北海道・北東北」「南東北・北関東」「南関東広域」「北陸・信越・中部」「関西」「中国・四国・九州・沖縄」の6つの地域に分け、ローカル線を紹介することとしました。取り上げるにあたっては3つの点を重視しています。

　まずは今後の動向です。近い将来に営業が廃止されるような予定や動きが見られる路線は、やはり優先的に取り上げました。

　続いては旅客や貨物の輸送量です。少々専門的となってしまいますが、その路線の1kmにつき、1日当たりどのくらいの人数の旅客やトン数の貨物が通過しているかを基準としました。原則として旅客は4000人未満、貨物は4000トン未満の路線から選んでいます。

最後は路線のもつ特徴から判断しました。旅客や貨物の通過量が少ない点に加えて、たとえば、険しい峠越えが待ち構えているとか、延々と海沿いに敷かれているとか、ほかの路線にはない際立った特徴をもつ路線はやはり紹介しなければなりません。

　全線を通じて見れば旅客や貨物の通過量が多く、ローカル線とは考えられないものの、全国には同じ路線内でも一部の区間だけ極端に旅客や貨物の通過量が少ない路線が数多くあります。概してこのような区間は非常に際立った特徴をもつといえますので、できる限り紹介しました。

　本巻では中国、四国、九州の各地方、そして沖縄県を通る路線を対象としています。これらの地方の特徴として、毎年のように自然災害に見舞われているという点を挙げなくてはなりません。鉄道の被害も各所で発生しており、本巻で取り上げた路線の多くは21世紀を迎えた今日でも自然災害によって長期間不通となった経歴をもっています。また、島原鉄道の島原鉄道線は、雲仙・普賢岳の噴火が一部の区間が廃止された理由の一つとなりました。

　沿線の過疎化が急速に進み、自動車の利用が増えているなか、鉄道会社は自然災害にも備えなければならないので、大変な苦労を強いられています。その路線を利用することが支援につながりますので、機会があればぜひとも乗ってみてください。

梅原 淳

凡例

○本書で紹介した各路線についての状況は、自然災害による不通を含めて2019（平成31）年4月1日現在のものです。ただし、旅客輸送密度は2015（平成27）年度の数値となります。旅客輸送密度の求め方は「年間の輸送人員×旅客1人当たりの平均乗車キロ÷年間の総営業キロ」です。

○文中で「橋りょう」とは、鉄道の構造物で川や海などの水場、それから線路、道路などを越えるもののうち、川や海などの水場を越えるものを指します。

○こう配の単位のパーミルとは千分率です。水平に1000ｍ進んだときの高低差を表します。

01

JR西日本
木次線
備後落合〜宍道間　[営業キロ]81.9km

[最初の区間の開業]1916(大正5)年10月11日／木次〜宍道間
[最後の区間の開業]1937(昭和12)年12月12日／備後落合〜八川間
[複線区間]なし
[電化区間]なし
[旅客輸送密度]215人

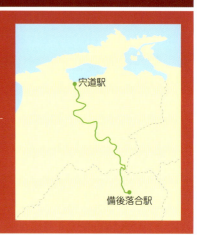

急こう配の続く全国有数の山岳路線

　JR西日本の木次線は、広島県庄原市にあってJR西日本芸備線の列車も発着する備後落合駅を起点とし、島根県松江市にあってJR西日本山陰線の列車も発着する宍道駅を終点とする81.9kmの路線です。いま挙げた起点、終点は国鉄からJR西日本への移行に伴って機械的に決められました。しかし、営業に当たっては起点、終点を入れ替えています。木次線の旅も宍道駅から始めましょう。

　宍道駅を出発した列車は直線がちの線路を進みますが、山陰自動車道の高架橋をくぐり、国道54号が右から近づいて並走するようになるとカーブの多い区間に変わりました。と同時に急な上り坂の区間となり、こう配は25パーミルにも達します。宍道駅の次の南宍道駅は山里のなかにたたずむ駅で、宍道駅付近で見られた市街地はありません。

　南宍道駅から4つ目の南大東駅を出ますと、線路の周りは開けてきました。初めのうちは水田地帯のなかを走っていましたが、そのうち民家が増え、やがて市街地となります。西に進んでいた列車が南に向きを変えますと、列車の右側に小高い築堤が姿を現しました。これは斐伊川の堤防です。

　堤防には桜並木があり、4月の上旬になりますと堤防越しに花を咲かせています。堤防には2kmにわたって約800本の桜が植えられており、その見事な桜のトンネルは「日本さくら名所百選」にも選ばれたほどです。

　やがて列車は堤防からやや離れ、木次駅に到着しました。木次線の途中駅では最も規模が大きく、2面のプラットホームに3組の線路（うち1組は使用休止）が敷かれているほか、構内には車庫も設けられています。

○宍道駅で出発を待つ木次線の列車から備後落合駅方面を見たところ。写真左に分岐している線路が木次線で、写真右の複線は山陰線の幡生駅方面である。著者撮影

○備後落合駅行きの普通列車が木次駅で出発を待つ。写真のディーゼルカーはJR西日本のキハ120形でリニューアル前の姿だ。また、写真奥には木次駅構内に設けられた木次鉄道部と呼ばれる車両基地も見える。著者撮影

スイッチバックの出雲坂根駅で山岳区間は頂点へ

　木次駅から5つ目の亀嵩駅から東北東に3kmほど離れた場所に位置する奥出雲町亀嵩の集落は松本清張の小説『砂の器』の舞台の一つです。小説では、犯人に殺された三木謙一という元警察官が亀嵩巡査駐在所に勤務していた点が重要な手かがりとなりました。『砂の器』は映画やテレビのドラマにもたびたび取り上げられ、亀嵩駅を訪れる観光客も目立ちます。駅舎内には「扇屋」というそば屋があり、列車の待ち時間に自慢の手打ちそばに舌鼓を打つのもよいでしょう。

　列車が亀嵩駅を出発しますとすぐに右に曲がり、南東に向かいます。目の前に立ちはだかる上り坂のこう配はついに30パーミルに達しました。

　急な坂道を直進しながら上っていく列車は長さ660mの反谷トンネルに入ります。このトンネルを出た地点が峠です。今度は30パーミルのこう配の坂を1kmほど下り、下りきったら再び斐伊川と並走するようになってすぐに上り坂と、列車は息つく暇もありません。

　出雲横田駅、八川駅と過ぎ、2km余り行きますと、ここまで10kmほど続いた上り坂のこう配は再び30パーミルとなります。斐伊川によって形成された谷間の幅は狭いとこ

○亀嵩駅は小説『砂の器』の舞台となったことで知られる。駅舎では1973年創業の「扇屋」が営業中だ。*

キャプションに*印がついている写真は、ピクスタ提供によるものです（以下同）。

ろでも300mほどありますので、ところどころで山の斜面が列車の左側に迫ってきたり、木々が列車の右側に生い茂っているのを除けば、周囲は開けていて見晴らしも良好です。でも、上り坂の傾斜はきつく、普通列車に用いられているディーゼルカーのエンジンは大きな音を上げ、スピードは時速30kmほどとゆっくり進んでいきます。

やがて列車は出雲坂根駅に到着しました。駅の構内には延命水と呼ばれる湧き水が出ています。長生きを意味する「延命」とは、出雲坂根駅周辺の湧き水をタヌキが飲んだことで100年以上も生きたといういい伝えからです。延命水は出雲坂根駅の見どころの一つとなっています。

出雲坂根駅にはもう一つ見どころがあります。それは列車が出雲坂根駅を出発するときに気づくでしょう。列車はいままで来た方向とは反対に動き出すからです。

標高565mのこの駅からそのまま南東に1.3kmほど直進しますと木次線の線路と合流します。この地点の標高は660mほどで、標高差は95mです。ということはこう配は73パーミルにもなり、一般的な鉄道の施設のままではとても坂を上り下りできません。そこで、線路をジグザグに行くようにしてこ

う配を和らげたのです。このような仕組みをスイッチバックといいます。出雲坂根駅のスイッチバックは、3巻の「南関東広域編」で紹介した箱根登山鉄道の鉄道線のものとともに全国によく知られた存在です。

向きを変えた状態で列車は出雲坂根駅を後にし、深い山のなかを1kmほど走ってもう一度停車します。ここで列車の向きは元に戻りました。30パーミルのこう配の上り坂はさらに続きます。走り始めてすぐのところにあるごく短い第一坂根トンネルを出ましたら、列車の右下の方向に注目してください。背の高い針葉樹林越しに先ほど出発した出雲坂根駅の姿を見ることができるでしょう。列車と出雲坂根駅との距離は最も短いところで100mほど。でも、標高差はすでに35mほどあり、まっすぐ上ったとしましたらこう配は350パーミルにも達します。

坂を上る列車がやはりごく短い第二坂根トンネル、そして続けて現れる長さ626mの第三坂根トンネルを通り抜けましたら、列車の右側を注目してください。らせん状の形状をもつ橋が見えてくるはずです。これは国道314号の奥出雲おろちループを構成する橋です。国道は105mにもなる標高差を克服するために、4巻の「北陸・信越・中部編」のJR東日本上越線で紹介したループ線としてつくられました。こう配を和らげるためのループは上越線では1周でしたが、国道314号では2周しています。

奥出雲おろちループを見ながら走っている

●スイッチバックとなっている出雲坂根駅の構内を見たところ。写真左奥の線路は備後落合駅方面の線路、写真右奥の線路は宍道駅方面の線路だ。行き止まりとなっているプラットホームは写真奥に見えており、その右側には駅舎が建てられている。

途中で、列車は中央坂根トンネルに入りました。「第○」坂根トンネルでなく、「中央」と付けられているのは、木次線の計画を立てた当初は山の斜面を削ってトンネルを掘らない予定となっていたからです。しかし、工事を進めていくと斜面がどんどん押し出され、線路に迫ってきました。このままでは少しの雨でも大規模な土砂崩れは免れないと、削った土砂を元に戻し、トンネルを掘ったのです。

第二坂根トンネルに入る手前で、それまで東から南に向かって走っていた列車は長さ610mの第四坂根トンネルに入りますと、大きく右に曲がり、北から北西へと進むようになりました。このときに列車の右側に目を向けますと、先ほどの奥出雲おろちループをもう一度見ることができます。

相変わらず深い山のなかを列車は進みますが、上空が明るくなってきました。山の頂上に近づいたのです。北東から南西へと列車が左に大きく曲がりますと、やがて市街地が姿を現します。ほどなく三井野原駅に到着です。この駅の標高は726mで、木次線ではもちろん、中国地方で最も高い位置にある駅です。出雲坂根駅からこの駅までの6.4kmの間に161m上ってきたことになります。

長かった上り坂は三井野原駅の手前で終わりました。列車は今度は坂を下っていきます。こう配はやはり30パーミルです。列車は三井野原駅付近を水源とする西城川によって形成された谷間を進みます。はじめは山の斜面が迫っていた狭い谷間も、次の油木駅に着くころには開けてきました。

油木駅を出発した列車は引き続き、幅の広い谷間を進みます。南下していた列車が左に

美しい紅葉のなかを木次線の観光列車「奥出雲おろち号」がスイッチバックとなった出雲坂根駅構内の急こう配に挑む。写真右中央に見えるのが木次線の線路で、写真左中央奥に見えている屋根付きの建物が列車が折り返す場所だ。*

出雲坂根〜三井野原間を行く列車からは国道314号の奥出雲おろちループを見ることができる。このループは全長2360mで標高差は105mとなるので、平均すると44パーミルのこう配だ。著者撮影

曲がり、南東に進んでしばらく行くと右側からJR西日本芸備線の単線が現れました。そのまま一緒に進み、終点の備後落合駅に到着です。

JR四国
予土線

若井～北宇和島間　[営業キロ]76.3km

[最初の区間の開業]1914(大正3)年10月18日／近永～北宇和島間
[最後の区間の開業]1974(昭和49)年3月1日／若井～江川崎間
[複線区間]なし
[電化区間]なし
[旅客輸送密度]307人

「日本最後の清流」と呼ばれる四万十川に沿って進む

　JR四国の予土線は高知県四万十町の若井駅を起点とし、愛媛県宇和島市の北宇和島駅を終点とする76.3kmの路線です。若井駅には土佐くろしお鉄道の中村線の列車、北宇和島駅には同じくJR四国の予讃線の列車もそれぞれ発着しています。

　起点、終点はいま挙げたとおりですが、実際には若井駅、北宇和島駅を始発または終着とする列車はありません。若井駅を発着する列車は中村線に乗り入れて4.4km進んだ隣の窪川駅を始発、終着としています。いっぽう、北宇和島駅を発着する列車は予讃線に乗り入れて1.5km進んだ隣の宇和島駅を始発、終着としているのです。

　若井駅は、単線の線路に1面のプラットホームが据え付けられたつくりをもつだけで、予土線の起点の駅にも、そして中村線との分岐が行われる駅にも見えません。起点から南に向かって出発した列車は3.6kmの間、中村線と共用となっている線路を走ります。線路の周囲ははじめは水田でしたが、やがて木々の生い茂る山すそとなりました。

●菜の花の咲くなかを予土線の普通列車が四万十川を渡っていく。土佐大正～土佐昭和間

○江川崎駅で出発を待つ「鉄道ホビートレイン」。初代の新幹線電車として知られる0系をイメージしたデザインのディーゼルカーで、見る者に強烈な印象を与える。*

長さ2134mの若井トンネルを出ますと周囲は深い山のなかです。列車は右へと曲がって西に向きを変えますと、線路は2組に増えました。ここは列車どうしの行き違いとともに、予土線と中村線との分岐を行う川奥信号場です。北宇和島駅方面の予土線の列車は左右どちら側の線路にも進入し、この信号場でいったん停止する列車もあります。

川奥信号場の出口にはポイントと呼ばれる分岐器が設けられました。予土線の列車は左側の線路へ、中村線は右側の線路へそれぞれ分かれていきます。右に見える中村線の線路が予土線の線路から離れそうになったあたりで、列車の左側を注目してください。谷底に予土線の線路から左に延びていく1組の線路が見えることでしょう。実はこの線路は中村線の線路です。川奥信号場で右に分かれた中村線の線路はそのままループ線となって坂を下り、川奥信号場のほぼ真下をくぐるつくりとなっています。

予土線はといいますと、川奥信号場を出ますとすぐに長さ56mと短い第二川奥トンネルに入り、続いて長さ1196mの第一家地川トンネルを抜けますと家地川駅です。家地川駅を出発した列車の右側に川幅の広い四万十川が近づいてきました。

四万十川は高知県の津野町に端を発し、予土線とは家地川駅から江川崎駅付近まで並走し、その後は高知県四万十市へと向かって太平洋に注ぐ川です。長さは四国で一番の196kmあり、何よりも流域に本格的なダム

○四万十川に沿って走る「海洋堂ホビートレイン」。たびたびデザインが変えられており、現在は異なる意匠となっている。後方に見えるのは半家沈下橋だ。十川〜半家間*

が建設されていませんので、この規模の川としては全国的にも珍しい「最後の清流」として知られています。

予土線の魅力の多くはこの四万十川にあるといってよいでしょう。JR四国は最後の清流の景色を楽しめるよう、窓のないトロッコ車両を連結した「しまんトロッコ」、清流に住むと伝えられる河童のフィギュアが展示された「海洋堂ホビートレイン」、東海道新幹線をかつて走っていた0系新幹線電車をイメージした「鉄道ホビートレイン」と、多様な観光列車を予土線に走らせています。「しまんトロッコ」は乗車券に座席指定券、「海洋堂ホビートレイン」「鉄道ホビートレイン」は乗車券だけと、気軽に利用できますからどんどん利用したいものです。

四万十川から広見川へと川が変わる

　家地川駅を出発した列車は四万十川を右に見ながら、西北西に進みます。列車の左側は山の斜面となっていて、比較的高い位置に線路が敷かれていますので、四万十川の眺めは良好です。

　自然のままの姿が保たれているということもありまして、四万十川はあちらこちらで蛇行しています。予土線のうち、若井駅と江川崎駅との間は1959（昭和34）年3月に着工となって1974（昭和49）年3月1日の開業を迎えました。明治・大正期や昭和初期とは異なり、土木技術が大きく進歩した時期に工事が行われましたから、予土線の線路は四万十川の流れを忠実になぞってはいません。各所でトンネルで山を貫いて四万十川から離れます。その傾向が最も強くなるのは家地川駅の2駅先となる土佐大正駅と、そしてその次の土佐昭和駅との間です。

　土佐大正駅を出発して北に向かっていた列車は、第一田野々トンネルを通りながら西北西に向きを変え、まずは四万十川の支流の梼原川を渡ります。川を渡り終えたらトンネル、トンネルを出たら四万十川を渡るという具合に繰り返し、土佐昭和駅までの間に4回も四万十川を渡るのです。

　第一から第四まである四万十川橋りょうのうち、土佐昭和駅に最も近い場所に架けられた第四四万十川橋りょうを列車が渡り始めましたら、列車の右下を注目しましょう。三島と呼ばれる中州を経由して四万十川の両岸を結ぶ2つの橋が視界に入るはずです。よく見ますとこれら2つの橋とも欄干がありません。このようなつくりの橋は沈下橋と呼ばれます。大雨で増水したときに橋を沈ませることで橋げたや橋脚を守るつくりとなっており、その際に流木などが橋に衝突しないよう欄干をあえて設けていないのです。欄干がないので渡るのは少し恐いのですが、これも大雨に対する先人たちの知恵といえます。

　四万十川を見ながらの旅は江川崎駅までです。この駅からは今度は広見川に沿って列車は進みます。川の流れは列車の進行方向とは逆です。

○土佐大正駅の駅舎は酒蔵をイメージしたかのようなユニークなつくりをもつ。駅舎には駅の施設だけでなくバス会社の事務所もある。

○四万十川名物の沈下橋を背に、予土線の観光列車「しまんトロッコ」が第四四万十川橋りょうを行く。トロッコとの連結相手は通常は塗装が黄色のディーゼルカーだが、都合で写真のような一般車両も充当される。土佐大正〜土佐昭和間＊

　川の名は変わったものの、線路の周囲の景色はあまり変わりません。先ほどの区間と比べて線路を建設した時期が古いために川の流れに忠実で、川をよく見ることができます。

　広見川との並走は江川崎駅から4駅目の松丸駅までです。松丸駅から次の出目駅までは山あいの区間となって20パーミルの坂を上ります。出目駅からは水田の目立つなかを進み、6駅目の務田駅までやって来ました。開けた場所とはいえ、谷間を行くために線路は曲がりくねっていて、半径200mという急カーブも各所で見られます。

　務田駅を出ますと山岳区間となり、最も急な場所で30パーミルの坂を下るいっぽうです。木々の生い茂るなか、カーブはさらに急になって半径160mというところも現れ、列車の速度は時速40kmほどでゆっくり進みます。下り坂は6km余り続き、終点の北宇和島駅に到着です。

○宇和島駅に到着した予土線の列車。予土線の終点は北宇和島駅であるが、すべての列車が予讃線に乗り入れて隣の宇和島駅まで乗り入れる。＊

03

JR九州
肥薩線
八代～隼人間　[営業キロ]124.2km

[最初の区間の開業]1903(明治36)年1月15日／大隅横川～隼人間
[最後の区間の開業]1909(明治42)年11月21日／人吉～吉松間
[複線区間]なし
[電化区間]なし
[旅客輸送密度]525人

ループ線とスイッチバックとを備えたかつての主要路線

　JR九州の肥薩線は熊本県八代市にある八代駅を起点とし、鹿児島県霧島市にある隼人駅を終点とする124.2kmの路線です。八代駅には同じくJR九州の鹿児島線や肥薩おれんじ鉄道の肥薩おれんじ鉄道線の列車、隼人駅にはJR九州の日豊線の列車もそれぞれ発着しています。

　八代駅を出発して東南東に走り出した列車は、約1kmほど肥薩おれんじ鉄道線の線路と一緒に進み、列車の右側から球磨川の堤防が姿を現しますと肥薩おれんじ鉄道線と分岐です。直進する肥薩線の線路に対し、肥薩おれんじ鉄道線の線路は左に曲がってから肥薩線の線路を右側へと越えていきます。これは、肥薩線が現在の鹿児島線として先に開通したからです。1927（昭和2）年10月17日に、

○熊本駅と人吉駅との間を鹿児島線、肥薩線を経由して結ぶ特急「かわせみ　やませみ」が第二球磨川橋りょうを行く。球磨川沿いの景色を楽しめるよう、「かわせみ　やませみ」には展望スペースが設けられている。那良口～渡間＊

○蒸気機関車が客車をけん引する観光列車「SL人吉」が人吉駅で出発を待つ。「SL人吉」は熊本〜人吉間の運転で、急こう配区間には乗り入れない。*

現在の肥薩おれんじ鉄道線の八代〜川内間と川内〜鹿児島間とが「川内回りのルート」として新たに鹿児島線となり、それまでの鹿児島線は肥薩線へと改められました。

土木技術が未発達の明治時代に建設されたこともあり、肥薩線の線路は八代駅から12駅目、距離にして45.3km先の渡駅のあたりまで、蛇行する球磨川の流れにほぼ従って敷かれています。途中、トンネルでショートカットする場所もありますが、3カ所しかありません。

球磨川沿いの谷間が狭まるために対岸に渡る機会は2回あります。八代駅から4つ目の鎌瀬駅と次の瀬戸石駅との間の第一球磨川橋りょう（長さ205m）、そして那良口駅と渡駅との間の第二球磨川橋りょう（長さ179m）です。2カ所の橋りょうはともに、鉄骨を箱状に組んだトラス橋とけたの橋とを組み合わせてつくられました。山形県の最上川、静岡県の富士川と並ぶ日本三大急流の球磨川に橋りょうを架ける工事は困難を極め、どちらの橋りょうも建設中に足場が洪水で流されてしまったそうです。

列車が渡駅を出発しますと周囲が開けてきました。熊本県人吉市を中心に広がる人吉盆地に入ったのです。西人吉駅を経て広々とした構内をもつ人吉駅に到着しました。

人吉駅を出発しますとくま川鉄道の湯前線の線路と合流し、長さ80mの山田川橋りょうを渡ると湯前線の線路は左に分かれます。湯前線の線路とはここからも約700mほど一緒に走り、やがて肥薩線の列車は右に曲がって湯前線の線路が見えなくなりました。

南に向きを変えた列車が長さ195mの第三球磨川橋りょうを渡りますと、周囲の景色は盆地から山のふもとといった趣となります。すぐに20パーミルのこう配の上り坂が始まり、こう配はやがて25パーミルへとさらに厳しくなりました。線路の周囲に木々が迫り、列車は右へ左へと曲がりながら坂を上ります。短いトンネルを4つ抜け、次は5つ目となる長さ503mの横平トンネルです。このトンネルでは半径390mの左カーブで曲がり続けます。横平トンネルを抜けてもこのカーブは続き、しばらく行くと今度は右に曲がって大畑駅に到着です。

大畑駅はスイッチバックのつくりとなっていて、出発の際はいま来た方向とは反対に進んで引上線に入ります。この引上線でもう一度向きを変え、改めて上り坂に挑むのです。大畑駅に進入する前と同じく、列車は半径300mの左カーブを曲がり続けます。曲がりきったら今度は短い右カーブとなり、直線となったら列車の左側に注目してください。いま停車した大畑駅を見下ろせるでしょう。

実は大畑駅の前後で肥薩線の線路はループ

線となっていて、線路は横平トンネルを起点として一周しているのです。ループ線の途中に駅が設けられているのは全国でもここだけで、しかもスイッチバックとなっています。

○大畑駅構内に設けられたスイッチバックの線路を普通列車が折り返す。写真右上に大畑駅のプラットホームが設けられており、写真左下が折り返しのための引上線、写真上と写真下とに見えるカーブがループ線となっている肥薩線の線路だ。*

「日本三大車窓」の絶景を楽しむ

　肥薩線が建設されるまで大畑駅の周囲は深い山で、人家はなく、整地には困難を極めました。それでもなおわざわざ大畑駅を置いたのは列車の行き違いと、当時の主力であった蒸気機関車への給水のためです。

　湯を沸かしてその蒸気を走行のためのエネルギーに変える蒸気機関車にとって、人吉駅から矢岳駅までの間の急こう配区間19.9kmは難所中の難所でした。大畑駅は人吉駅から10.4kmと、人吉～矢岳間のほぼ中間地点にあります。この駅から南に約1.5km離れたところを流れる大川間川からわざわざ水路を整備してまでも給水場を設けておかなければならなかったのです。

　大畑駅から矢岳駅までで最も急なこう配は30.3パーミルで、しかも半径300mの急カーブが続きます。山は深く見通しはあまり利きません。列車の右側から周囲が開けてきますと肥薩線の最高地点となる標高537mの矢岳駅に到着です。八代駅の標高は6mですから、標高差531mを71.7kmを要して上ってきたことになります。

　矢岳駅を出発しますと25パーミルのこう配の下り坂です。駅からすぐの長さ2096mの矢岳トンネルを出ますと列車の左側が開けてきました。よく見ますと、はるか向こうに平野の姿が望めます。宮崎県えびの市の眺めで、列車によっては「日本

○矢岳～真幸間では日本三大車窓の一つ、山のふもとに広がる宮崎県えびの市の景色を眺めることができる。*

二大車窓」と案内されて、速度を落としてくれます。ちなみに、残りの2つの車窓は、JR北海道の根室線の落合駅と新得駅との間にあった旧線、JR東日本の篠ノ井線の姨捨駅付近で、どちらも山の上から平野を望むというものです。

　下り坂は直線が多く、列車は結構な速度で走ります。スイッチバックとなっている真幸駅を経て25パーミルのこう配はなかなか途切れません。真幸駅から2つ目のトンネルとなる長さ618ｍの第二山神トンネルを抜けましたら列車の右側を見てください。「復員軍人殉難碑」と記された慰霊碑が建てられています。

　時は1945（昭和20）年8月22日の正午ごろ、これから向かう吉松駅から真幸駅へと上ってきた旅客列車がいま通ってきたトンネルで立ち往生しました。列車は戦地から帰郷しようとする人たちで超満員であったうえ、終戦直後の物資不足のなか粗悪な石炭を使用していた蒸気機関車は力が足りず、急こう配を上ることができなかったのです。蒸気機関車がトンネル内で停止しますと煙が充満して危ないと、乗務員は列車をバックさせます。ところが、すでに煙にむせていた旅客の多くは線路に降り、トンネルから出ようとしていました。旅客の多くは急に下がってきた列車を避けきれずに衝突し、少なくとも49人が亡くなり、20人がけがをしたのです。この痛ましい出来事も列車によっては案内放送があります。

　列車は吉松駅に到着しました。後ほど取り上げる吉都線の列車も発着する駅です。駅の周辺は久しぶりに見る平地ですが、それもつ

○大隅横川駅には1903年の開業以来用いられてきた木造平屋建ての駅舎がいまも健在だ。肥薩線では同じ時期に建てられた嘉例川駅の駅舎もやはり使用されており、どちらも登録有形文化財に登録されている。*

○吉松駅と鹿児島中央駅との間を肥薩線、日豊線、鹿児島線を経由して結ぶ特急「はやとの風」。「かわせみ　やませみ」同様、車内には展望スペースが設けられている。中福良～表木山間*

かの間で再び坂となります。終点の隼人駅まで坂を下り続けるかと思いきや、吉松駅の次の栗野駅と大隅横川駅との間には1カ所、それから大隅横川駅から2つ目の霧島温泉駅と嘉例川駅との間には2カ所の峠越えがあり、行く手を阻むかのようです。

　長らく続いた山岳区間も、嘉例川駅から3つ目の日当山駅まで来ますとようやく終わります。線路の周囲が開け、市街地が広がってきました。やがて左側から日豊線の線路が姿を現しますと終点の隼人駅に到着となります。

04 一畑電車
北松江線／大社線

電鉄出雲市〜松江しんじ湖温泉間（北松江線）、川跡〜出雲大社前間（大社線）

[営業キロ] 33.9km（北松江線）、8.3km（大社線）
[最初の区間の開業] 1914（大正3）年4月29日／電鉄出雲市〜雲州平田間（北松江線）、1930（昭和5）年2月2日／川跡〜出雲大社前間（大社線、全通）
[最後の区間の開業] 1928（昭和3）年4月5日／一畑口〜松江しんじ湖温泉間（北松江線）
[複線区間] なし
[電化区間] 電鉄出雲市〜松江しんじ湖温泉間（北松江線）、川跡〜出雲大社前間（大社線）／直流1500ボルト
[旅客輸送密度] 1602人（北松江線と大社線とを合わせた数値）

広大な出雲平野から宍道湖畔を進む「ばたでん」

　一畑電車は島根県で鉄道事業を展開している民鉄です。路線は北松江線と大社線との2つがあります。北松江線は出雲市の電鉄出雲市駅を起点とし、松江市の松江しんじ湖温泉駅を終点とする33.9kmの路線です。いっぽう、大社線は出雲市にあり、北松江線の列車も発着する川跡駅を起点とし、やはり出雲市にある出雲大社前駅を終点としており、路線の長さは8.3kmあります。

　北松江線、大社線を合わせた2015（平成27）年度の旅客輸送密度は1602人でした。本書が対象とするローカル鉄道路線の基準と合致していますが、沿線の多くは市街地で、人里から離れた人跡未踏の地に線路が敷かれているのではありません。地方の都市でよく見られるように、沿線の人たちの大多数は自動車を利用しているために一畑電車は苦境に立たされているのです。

　ところで、鉄道会社といいますとたいていは○○鉄道ですとか、○○電鉄というのがならわしとなっています。そのようななか、一畑電車という社名は珍しく感じられるのではないでしょうか。

　実をいいますと、一畑電車も2006（平成18）年4月2日までは一畑電気鉄道という名称でした。一畑電気鉄道は鉄道事業のほか、バスやタクシーといった交通事業、それにホテルやデパートといった事業も行う会社です。残念ながら同社の鉄道事業は赤字が続き、沿線の自治体からの補助金を受け入れなければ経営が成り立たなくなりました。その際、補助金を鉄道事業だけに使用していることを明

○松江しんじ湖温泉駅を目指す特急「スーパーライナー」（写真右）がJR西日本山陰線を行く特急「やくも」と並走する。出雲科学館パークタウン前〜大津町間

○北松江線の見どころの一つは車窓いっぱいに広がる宍道湖だ。宍道湖は面積が79.2km^{2}と全国で7番目の広さをもつ湖で、淡水と海水とが混じり合う汽水湖である。湖遊館新駅〜園間

らかにするために新たに鉄道事業だけの会社を発足させたのです。会社名を決めるにあたり、地元で親しまれている一畑電車の名を採用することとし、2006年4月3日から新たなスタートを切りました。なお、沿線の人たちの間ではさらにくだけて「ばたでん」とも呼ばれていて、一畑電車もこの愛称を案内に用いています。

　北松江線の起点である電鉄出雲市駅は駅名は異なりますが、JR西日本の山陰線の出雲市駅から150mほど離れているだけです。電鉄出雲市駅は出雲市駅ともども高架橋上に設けられていまして、北松江線の線路は東西に延びる山陰線の線路の北側に並行して敷かれています。

　電鉄出雲市駅を出発した列車が向かう先は東の方角です。山陰線の線路とともに進みながら高架橋を降り、最初の駅となる出雲科学館パークタウン前駅に到着します。駅名にもある出雲科学館は駅のすぐ南側にあり、その名のとおり、出雲市が設営した科学に関する展示を見たり、実験を行える学習施設です。いっぽう、パークタウンは出雲科学館のさらに南につくられた新しい住宅地を指します。

　出雲科学館パークタウン前駅を出発しますと列車は左に曲がり、山陰線の線路から離れました。列車の進行方向は北となり、大津町駅に停車します。ここまでは出雲市の中心部ということもあり、線路の周囲は市街地でした。

　大津町駅を出ますと水田が目立つようになります。碁盤の目のように区画が整えられた水田地帯を列車は一直線に北に進み、武志駅を経て川跡駅に到着です。冒頭でも記したと

おり、大社線の列車は乗り換えとなります。
　川跡駅を出発しますと、列車は北東にほぼ一直線に走るようになりました。線路は広大な出雲平野に敷かれていますので、ほぼ平らです。線路の周囲がほぼ水田というなかを走り続けますと市街地が現れました。川跡駅から4駅目の雲州平田駅に近づいたのです。線路の周囲には住宅などが建て込んできました。そのなかを電車はそろりそろりと進み、駅に到着です。

雲州平田駅では電車の体験運転も可能

　雲州平田駅の構内には電車の車庫や検査・修繕を行うための施設があり、また一畑電車の本社も設けられています。駅の構内に赤色の古びた電車が停車しているのを見つけられたでしょうか。この電車は一畑電車の前身の一畑電気鉄道で活躍したデハニ50形のうち、1929（昭和4）年製のデハニ53号という電車です。動かせる状態で保存されていて、イベントなどで駅の構内を走行するほか、中学生以上の人たちを対象に体験運転会も行われています。デハニ53号を運転するにはまずは講習が必要とのことです。詳しくは一畑電車のホームページなどをご覧ください。

　列車が雲州平田駅を出発しますとさらに広々とした水田地帯のなかを走ります。線路の両側にはぽつんと建てられた一軒家がいくつも見えることでしょう。よく見ますと、家屋の周りは松の木でおおわれています。冬に吹く北西の風から家を守るための防風林で、ここまででしたら珍しくはありません。よく見ますと、松の木は四角く刈り込まれています。築地松といいましてこの地方独特の形状の防風林です。

○北松江線の雲州平田駅、そして写真の大社線・出雲大社前駅には昭和初期に製造されたデハニ50形という電車が保存されている。*

出雲大社への参拝は大社線で

　雲州平田駅から2つ目の湖遊館新駅駅を出発しますと、列車の右側に宍道湖が姿を現します。このまま湖に沿って進むのかと思いきや、次の園駅を出ますと左に曲がって宍道湖と別れ、一畑口駅に到着です。
　一畑口駅で列車は向きを変え、反対に走り出します。山岳区間でもないのにスイッチバックとなっているのは、かつて一畑口駅からさらに北に線路が延びていたからです。その先には一畑駅があり、かつては一畑薬師への参拝客でにぎわっていましたが、戦時中の1944（昭和19）年に営業休止となり、その

まま廃止となりました。

　向きを変えた列車は宍道湖に沿ってひたすら東に進みます。列車の左側には山の斜面が迫り、先ほどまでの広大な平野の面影はありません。一畑口駅から6つ目の長江駅を出ますといったん宍道湖と別れます。でも長江駅から2つ目の松江イングリッシュガーデン前駅を出発しますと再び宍道湖が姿を現しました。宍道湖が見えなくなりますと松江市の市街地となり、列車は終点・松江しんじ湖温泉駅に到着です。

○宍道湖畔に設けられた北松江線の秋鹿町駅。写真では見えないが、天候に恵まれれば宍道湖越しの写真中央奥に標高1729mの大山を望むことができる。＊

　次は大社線の旅に出ましょう。川跡駅を出発した大社線の列車ははじめは電鉄出雲市駅方面に進み、やがて北松江線の線路と右に分かれます。列車は出雲平野を西に進み、線路はほぼ直線です。線路の周囲は住宅ばかりといってよいでしょう。

　川跡駅から3つ目の浜山公園北口駅を出発した列車は、しばらくしますと堀川を渡ります。と同時に出雲大社前駅に到着です。この駅から北に350mほど行きますと出雲大社があります。出雲大社は縁結びの神、福の神として知られる大国主命をまつった神社です。10月には全国の神様が集まるとされるほど由緒ある出雲大社の参拝には、一畑電車を利用しましょう。

○大社線の高浜駅と遙堪駅との間では、朱塗りの鳥居が20基並ぶ粟津稲生神社の参道を横切る。建ち並ぶ鳥居と電車との取り合わせは全国でも珍しい光景だ。

○大社線の終点・出雲大社前駅は、その名のとおり出雲大社参拝の玄関口だ。写真奥に見えるひときわ背の高い建物は出雲大社の本殿で、大社造りとも呼ばれる日本最古の神社の建築様式をいまに伝える。＊

05

島原鉄道
島原鉄道線
諫早～島原外港間　[営業キロ]43.2km

[最初の区間の開業]1911（明治44）年6月20日／諫早～愛野間
[最後の区間の開業]1922（大正11）年4月22日／南島原～島原外港間
[複線区間]なし
[電化区間]なし
[旅客輸送密度]1365人

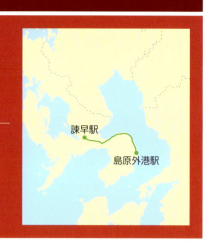

有明海に沿って走る歴史ある民鉄

　皆さんは、埼玉県の鉄道博物館を訪れたことはありますか。広々とした車両ステーションに足を踏み入れたところにあるのが1号機関車です。1872（明治5）年、新橋（後の汐留。現在は廃止）～横浜（現在の桜木町）間に日本初の鉄道が開業したときにイギリスから輸入された蒸気機関車の1両で、約40年にわたって国有鉄道で活躍した後、1911（明治44）年に民鉄に売却されました。その売却された先が、これから紹介する島原鉄道です。

　島原鉄道は、長崎県の島原半島を走る民鉄です。明治時代の終わりから昭和初期にかけて、島原鉄道と口之津鉄道という2つの鉄道会社が線路を建設し、太平洋戦争中の1943

○島原鉄道線を長年苦しめてきた雲仙・普賢岳を背に、現在は廃止となった島原外港～加津佐間のうち、安徳～瀬野深江間を列車が行く。渡っている川は水無川で、いまも橋りょうが残されている。*

○ 駅舎には「愛の駅」と記され、また駅舎前には「愛野村駅」とかつてこの場所を起点に走っていた雲仙鉄道が名乗っていた駅名標が建てられている。*

○ 黄色を基調として登場した13両のキハ2500A形のうち、キハ2505Aはかつて島原鉄道線を走っていたキハ20形の塗装に改められた。*

　(昭和18)年7月1日に合併して島原鉄道となりました。胃袋のような形をした島原半島の東側を海岸沿いに半周し、島原湾や雲仙岳の絶景を楽しめます。

　この島原鉄道は、火山と闘ってきた鉄道です。島原半島の中心には、いまも火山活動を続けている雲仙岳があります。1991(平成3)年には、雲仙・普賢岳の噴火による火砕流で、翌92(平成4)年には水無川の土石流によって、一部区間が不通となりました。そのたびに復旧を果たしてきましたが、1993(平成5)年、再び土石流に線路が飲み込まれ、南島原～深江間が不通となります。直しても直しても自然災害に見舞われるいたちごっこが続きましたが、1997(平成9)年、国の補助を受けて、土石流に流されないよう南島原～深江間を高架化。ついに全線復旧を果たしました。

　しかし、一度離れた乗客が鉄道に戻ることはありませんでした。特に路線の南半分は利用者が少なく、全線復旧から11年後の2008(平成20)年、高架化区間を含む島原外港～加津佐間35.3kmが廃止されてしまったのです。いまは、諫早～島原外港間43.2kmで運行されています。

　諫早駅から、島原外港駅行き列車に乗りましょう。諫早駅を発車して小さな谷をトンネルで抜けると最初の停車駅、本諫早駅。諫早市の中心はこちらにあります。

　次の幸駅という素敵な名前の駅を過ぎて、小野本町駅が近づきますと、左手に田園風景が広がります。駅の周囲は江戸時代に諫早湾の干潟をせき止めて陸地にした干拓地です。

　小野本町駅から5つ目となる愛野駅は、赤い三角屋根のかわいい駅舎がある駅です。この駅から2つ先の吾妻駅までのきっぷは、「愛しの(野)わ(吾)が妻」という語呂合わせで話題になりました。駅舎の前には、「愛野村駅」と書かれた駅名標風の記念碑があります。ここは、1938(昭和13)年に廃止された雲仙鉄道の起点駅。雲仙鉄道は、島原鉄道をつくった植木元太郎という人が設立した鉄道で、島原半島西側の小浜温泉まで通じていました。不便だったために早い時期に廃止さ

れましたが、いまもかつての線路跡が道路として残り、各駅の跡地には立派な石碑が建てられています。

吾妻駅を発車しますと、左手に海が近づいてきます。左手後方を見てみましょう。大きな堤防道路と水門とが見えます。諫早湾干拓事業の潮受堤防、そして水門です。有明海の

奥に位置する諫早湾をせき止め、干潟を陸地に変える大規模な干拓事業を行っています。新しい広大な農地が生まれ、水害も防げるようになりましたが、いっぽうで干潟にいた多くの生き物が死んでしまい、貴重な自然が失われてしまったという批判もあります。

わずか11年で廃止されてしまった高架化区間

次の古部駅の手前から、有明海の海沿いに出ます。有明海は、広さ1700km²という九州最大の内海。平均水深20mと水深が浅い一方、干潮時と満潮時とで比べた潮位の差は全国一で、干潮時には広大な干潟が姿を現します。

海岸に面した古部駅を出発しますと、列車は海沿いを走ったり、市街地に入ったりしながら進みます。古部駅から4つ目の多比良町駅に到着したら、プラットホームに降りてみましょう。大きなサッカーボールの石像があります。台座に記された文字は「サッカーの町くにみ」。多比良町駅がある雲仙市国見は、

サッカーが盛んな地域として有名で、長崎県立国見高校は全国大会で14回も優勝した強豪です。また、ここは有明海を横断して熊本県の長洲港と結んでいる有明フェリーの発着地でもあります。熊本〜長崎間を陸路で移動しようとすると、佐賀県鳥栖市方面まで遠回りしなくてはなりません。そのため、有明フェリーは熊本、長崎両都市間を最短時間で結ぶ大動脈となっています。

列車に乗って先に進みましょう。多比良町駅から2つ目の大三東駅は、先ほど通った古部駅以上に有明海に近い駅です。下り線のプラットホームのすぐ下は干潟。プラットホームに立つと、有明海しか見えません。鉄道の旅を楽しむなら、一度は降りてみたい駅です。

大三東駅からは、徐々に建物が増え、島原市の市街地に入っていきます。島原市は島原半島の中心都市で、島原駅のすぐ西には、江戸時代初期の1618年から松倉重政が築いた島原城があります。現在の天守閣は戦後に復元されたもので、城内にはキリシタンの史料などが展示されています。島原といえば潜伏キリシタンが中心となって反乱を起こした島原の乱（島原・天草一揆）が有名で、その主な

○島原駅から徒歩5分ほどのところにそびえる島原城。この城から南南西に20kmほど離れた原城が舞台となった島原の乱に関する史料も数多く展示されている。

○大三東駅は、島原鉄道線で最も海に近い場所に設けられた駅として知られる。写真に見える車両はディーゼルカーのキハ2500A形だ。*

舞台となったのは、島原城から20kmほど南南西にある原城です。以前は、島原鉄道にも原城駅がありましたが、現在はバスや車で訪れるしかありません。

南島原駅は車両基地がある基幹駅です。つい最近まで、1913（大正2）年にこの駅が開業したときに建てられた駅舎が現役でしたが、2015（平成27）年に現在の駅舎に建て替えられました。新しい駅舎も、旧駅舎の雰囲気をよく残しています。

○島鉄本社前駅と南島原駅との間を行く。この区間では島原湾が入江となっている場所も走る。*

南島原駅からは、かつて口之津鉄道として建設された区間ですが、残念ながらいまは次の島原外港駅が終着駅です。駅から少し歩いたところから、熊本へのフェリーや高速船が就航しています。

島原外港駅から南は廃止されてしまいましたが、線路跡の多くはいまもそのままです。特に、土石流が発生した水無川付近の高架線や鉄橋はきれいなままで、いまにも列車が走ってきそうです。巨額の税金を使ってつくられた施設は、わずか11年しか使われませんでした。鉄道が生き残ることの難しさを、島原鉄道は教えてくれます。

JR西日本
山陰線
京都～幡生間、長門市～仙崎間　［営業キロ］676.0km

［最初の区間の開業］1897（明治30）年2月15日／二条～嵯峨嵐山間
［最後の区間の開業］1933（昭和8）年2月24日／須佐～宇田郷間
［複線区間］京都～園部間、綾部～福知山間、伯耆大山～安来間、東松江～松江間、玉造温泉～来待間
［電化区間］京都～城崎温泉間、伯耆大山～西出雲間／直流1500ボルト
［旅客輸送密度］4783人

長大な山陰線の鳥取、島根、山口を通る区間を行く

　JR西日本の山陰線は京都府京都市の京都駅を起点とし、山口県下関市の幡生駅を終点とする673.8kmの路線です。加えて山陰線には山口県長門市の長門市駅を起点とし、同じく長門市の仙崎駅を終点とする2.2kmの支線もあります。

　今回紹介したいのは、長大な山陰線のうち、「中国・四国・九州・沖縄編」に含まれる鳥取、島根、山口の各県内の区間です。具体的にいいますと、鳥取県岩美町の東浜駅と終点の幡生駅との間の466.3km、そして長門市～仙崎間を合わせた468.5kmが相当します。

　JR西日本は山陰線について主要な区間ごとに旅客輸送密度を発表しており、2017（平成29）年度に本巻で基準とする4000人を下回っていたのは次の区間です。兵庫県新温泉町の浜坂駅から東浜駅を経て鳥取県鳥取市の鳥取駅までの32.4kmで965人、島根県出雲市の出雲市駅から同じく島根県益田市の益田駅までの129.9kmで1292人、益田駅から長門市駅までの85.1kmで296人、長門市駅から山口県下関市の小串駅までの50.6kmと長門市～仙崎間とを合わせた52.8kmの362人、小串駅から幡生駅までの23.6kmで2879人となります。本巻では東浜～鳥取間の22.8kmと出雲市～幡生間の289.2km、それに長門市～仙崎間、さらには5巻の「関西編」で取り上げなかった兵庫県と鳥

○中国地方を行く山陰線は多くの区間で海岸線を通る。線路の周囲に生い茂るアカシアなどの木は山陰線の建設時に植えられたもの。線路が砂に埋もれないように守っている。浅利～江津間*

取県との県境区間となる居組駅と東浜駅との間の3.3kmの計317.5kmを対象としますが、距離が長いので、出雲市〜幡生間を中心に興味深い区間を重点的に紹介しましょう。

　高架橋上に設けられた出雲市駅を出発した列車はすぐに地平に降りますが、しばらくは市街地、次いで住宅地のなかを走ります。線路の上空に張られた架線は、次の西出雲駅を過ぎてすぐのところにあるJR西日本の後藤総合車両所出雲支所までです。非電化区間となると水田が増えてきました。

　西出雲駅から3つ目の小田駅を出ますと、列車の右側に日本海が見えるようになります。ところどころで線路は丘を切り開いた切り通しの区間を行きますが、次の田儀駅を過ぎますと、車窓いっぱいに海が飛び込んでくるで

○出雲市駅は高架橋上に設けられた駅で、一畑電車の電鉄出雲市駅も隣接している。駅舎は出雲大社をイメージしたつくりだ。著者撮影

しょう。

　日本海沿いを行くのは田儀駅の次の波根駅を過ぎたあたりまで。線路はいったん内陸に入り、住宅や水田が広がるなかを列車は進みます。やがて列車は久手駅を過ぎ、大田市駅に到着です。島根県大田市を代表する駅で、出雲市駅以来となる規模の大きな駅です。

美しい日本海の景色の陰に隠された建設の苦労

　大田市駅から2つ目の五十猛駅に近づくあたりで列車の右側に日本海が現れました。よく注意していないと海の姿を見失うというくらい、列車は切り通し、丘陵地帯に設けられたトンネル、住宅や水田のなかを忙しく進みます。

　ところで、線路の両側に黄色い花を咲かせたアカシアが生い茂っているのに気づいたでしょうか。一部は自然に生えてきたものですが、元は大正時代に山陰線の建設工事を行ったときに植えられました。五十猛駅から13駅先の下府駅までの間は海岸に近いことから砂丘が多く、線路が砂に埋もれないようにとアカシアなどの苗木を線路のそばに植えたのです。

　五十猛駅から7つ目の浅利駅を過ぎ、しばらく進みますと中国地方第一の大河である江の川を渡ります。橋りょうの名は江の川の別名から取られた郷川橋りょうで、長さは486mと山陰線で最も長い橋りょうです。

　郷川橋りょうを渡り終えますと島根県江津市を代表する江津駅に到着します。かつてはJR西日本三江線の終点でしたが、2018年4月1日に営業廃止となりました。

　江津駅から6駅目は島根県浜田市を代表する浜田駅です。この駅を出発して2つ目の周布駅を過ぎたあたりから日本海が列車の右側に姿を現し、比較的長い時間海の眺めを楽しめるでしょう。特に周布駅から2つ目の三保三隅駅から、さらに2駅先の鎌手駅にかけて

㉗

○山陰線のなかで最後に開通したのは須佐駅と宇田郷駅との間で1933年2月24日のこと。写真に見える惣郷川橋りょうは、建設中に何度も高波の被害に遭ったという。その惣郷川橋りょうを行くのはJR西日本の豪華寝台列車の「TWILIGHT EXPRESS 瑞風」だ。*

は、山が海まで迫る地形のなか、線路の下が断崖絶壁となっていて、迫力のある景色が目の前に広がります。でも建設の際には大波を受けて工事には苦労し、一部の区間では途中まで完成した線路が流され、内陸に移された場所もあるそうです。

山陰線の列車から見える海の眺めのハイライトは鎌手駅から6つ目の須佐駅と次の宇田郷駅との間で白須川を渡る場面でしょう。白須川に架けられた長さ191mの惣郷川橋りょうは砂浜に近い河口にあるため、列車はあたかも海の上を通っているかのようです。

江崎駅で線路は山口県に入ると、峠越えが各所で始まります。最も規模が大きいのは宇田郷駅から17駅目となる阿川駅から特牛、滝部両駅を経て長門二見駅にかけてのもので

す。約11kmにわたって2度峠を越え、最も急なこう配も25パーミルとなります。

比較的豊かな自然のなかを走り続けた列車の周囲は、長門二見駅から9駅目の安岡駅のあたりで市街地へと変わりました。そのまま列車は進み、やがて列車の左側から来た山陽線の複線と立体交差で合流すると、終点・幡生駅に到着です。

長門市～仙崎間の支線に話を移しましょう。長門市駅から仙崎駅へはいったん京都駅方向に戻るように進みます。線路の周囲に住宅が目立つなかを列車は走り、港に近い仙崎駅にはあっという間に到着です。

○萩駅のある山口県萩市は、明治政府で活躍した人材を多数輩出した松下村塾が置かれた街だ。「鉄道の父」と呼ばれる井上勝の出身地でもある。萩市を代表する駅は東萩駅ながら、洋館風の駅舎が健在の萩駅は「TWILIGHT EXPRESS 瑞風」も停車することとなった。*

○長門市～仙崎間は長大な山陰線の支線といえる。元は厚狭駅と長門市駅との間を結ぶJR西日本美祢線の支線として開業し、1933年2月24日の山陰線の全線開業とともに山陰線に編入された。*

JR西日本
芸備線

備中神代～広島間　[営業キロ] 159.1km

[最初の区間の開業] 1915（大正4）年4月28日／志和地～東広島（現在は廃止）間
[最後の区間の開業] 1936（昭和11）年10月10日／小奴可～備後落合間
[複線区間] なし
[電化区間] なし
[旅客輸送密度] 1703人

中国山地を東西に貫き、広島県の中心を目指す

　JR西日本の芸備線は、岡山県新見市の備中神代駅を起点とし、広島県広島市の広島駅を終点とする159.1kmの路線です。中国山地を東西に貫くように線路は敷かれており、最終的には瀬戸内海沿いの広島市に向かうという特徴を備えています。

　起点の備中神代駅はJR西日本の伯備線の列車も発着する駅です。いっぽうで終点の広島駅はJR西日本の山陽新幹線と山陽線の列車も発着します。

　国土交通省が公表した芸備線の2015（平成27）年度の旅客輸送密度は1703人でした。大都市にある広島駅周辺の区間は利用者が多く、JR西日本によりますと広島市にある狩留家駅と広島駅との間の20.6kmの2017（平成29）年度の旅客輸送密度は9246人であったそうです。残りの区間はすべて本巻で取り上げる基準である4000人未満で、備中神

○道後山駅と備後落合駅との間にある第一小鳥原川橋りょうを行く。長さ146mのこの橋りょうの高さは30mあり、中国地方の鉄道の橋りょうで最も高い。*

代駅と広島県庄原市の東城駅との間の18.8kmは86人、東城駅と同じく庄原市の備後落合駅との間の25.8kmは13人、備後落合駅と広島県三次市の三次駅との間の45.7kmは238人、三次駅と狩留家駅との間の48.2kmは1410人となります。本巻では備中神代駅から狩留家駅までの138.5kmを取り上げましょう。

備中神代駅は西川が築いた狭い谷間に設けられた駅です。プラットホームから列車が離れると伯備線の線路とはすぐに左に分かれ、それまでの西北西方向から南、そして南西へと進みます。神代川の谷間に敷かれた線路の周囲は水田が目立ちますが、やがて木々に囲まれて視界が遮られるようになりました。列車は坂を上るいっぽうで、なかには22パーミルという急こう配区間もあります。

上り坂は備中神代駅から4つ目の野馳駅を過ぎ、中国自動車道の高架橋をくぐって長さ190mの大竹山トンネルの入口までです。トンネルに入ると25パーミルのこう配の下り坂が始まり、同時にこのトンネルのほぼ中間で岡山県から広島県に変わります。

○芸備線の起点・備中神代駅。この駅を通る芸備線の列車はすべてJR西日本伯備線の新見駅を始発、終着としている。*

下り坂の長さは、山あいに開けた里といった風情の東城駅までの約3kmです。東城駅を出発しますと今度は険しい上り坂となります。最も急なところでこう配は25パーミルです。成羽川沿いの谷間は、列車が進むにつれてどんどん深くなっていきます。ところによっては列車のすぐ横が山の斜面、反対側が崖となって真下に川と、渓谷を走っているかのようです。見通しが利かず、落石が予想される場所では時速15kmまで速度を落とし、直線区間や周囲が開けた場所ではスピードを上げるという動作を列車は繰り返します。

山岳区間から盆地へ、そして谷間を進む

東城駅から3つ目、道後山駅から一つ手前の小奴可駅を出ますと、こう配は25パーミルのままと、大変急な上り坂となりました。相変わらず線路の周囲は木々に囲まれており、冬ともなりますと、雪が積もっているのに気づくでしょう。このあたりは寒冷で積雪の多いことから「広島県の北海道」と呼ばれているそうです。

列車は18kmほど続いた坂を上り終え、ようやく峠となりました。下り坂が始まってすぐに道後山駅に到着です。この駅を出発し、25パーミルのこう配の坂を6kmにわたって下り続けますと、JR西日本の木次線の列車も発着する備後落合駅に着きました。

備後落合駅を出発した列車は引き続き坂を下ります。最初のうちは見通しの利かない深

○草に埋もれた線路を行く。写真は2010年6月の撮影で、さらに草が伸びると草刈りを行うが、それまではレールが見えづらい線路を走らなくてはならない。ローカル鉄道路線の置かれた厳しい現実を物語っている。著者撮影

い山のなかということもあり、列車は時速40km以下でしか走りません。

やがて視界が開け、比婆山駅に到着です。駅名に反して里にあります。実際の比婆山は駅から北北西に13kmほど離れたところにある標高1264mの山です。伊弉冉尊が葬られていると『古事記』には記されています。

長らく続いた山岳区間は比婆山駅から2つ目の平子駅のあたりでようやく終わりです。ここから先、途中で何度か山の斜面が列車に迫ってきますが、それもごくわずかで、基本的に周囲が開けた盆地を進みます。

平子駅から9駅目の八次駅まで来ますと周囲は市街地となりました。列車はそのまま広々とした構内をもつ三次駅に進入します。いまは芸備線の列車しか発着していませんが、2018（平成30）年3月31日まではJR西日本の三江線の列車も発着していました。

三次駅から先は江の川によって形成された谷間を進みます。険しい山岳区間ではありません。でも、各所で山の斜面が近づいたり、木々に囲まれます。

実は三次駅から狩留家駅までの間の線路は、2018年7月の西日本豪雨によって大きな被害を受けて不通となり、2019年4月1日現在もまだ復旧していません。特に白木山駅と狩留家駅との間では、三篠川に架けられた長さ83mの第1三篠川橋りょうの桁や橋脚が流されてしまいました。

JR西日本は全力で復旧に取り組んでいて、三次駅から白木山駅の一つ前の中三田駅までは2019年4月上旬に、中三田～狩留家間は2019年秋に復旧するとのことです。芸備線全線の運転が1日も早く再開されることを祈ります。

○満開の桜を見ながら、志和地駅に三次駅行きの普通列車が到着した。志和地駅を含む三次～狩留家間は2018年7月の西日本豪雨で大きな被害を受け、不通となった＊

○広島市内ではあるものの、山あいの光景が続く志和口駅と上三田駅との間を行く普通列車。使用されている車両はJR西日本のキハ47形というディーゼルカーだ。

JR西日本
美祢線
厚狭〜長門市間 [営業キロ]46.0km

[最初の区間の開業]1905(明治38)年9月13日／厚狭〜南大嶺間
[最後の区間の開業]1924(大正13)年3月23日／於福〜長門市間
[複線区間]なし
[電化区間]なし
[旅客輸送密度]574人

かつての貨物輸送の幹線も、いまは……

　美祢線は、瀬戸内海に近い場所を通る山陽線と日本海沿いを行く山陰線（26ページ）と、どちらもJR西日本の路線を南北に結ぶ路線です。起点は山口県山陽小野田市にある厚狭駅で、こちらの駅には山陽線の列車が発着しています。そして、終点は山口県長門市にある山陰線の長門市駅です。

　JR旅客会社が定めた幹線、地方交通線の2種類の運賃のうち、美祢線には幹線の運賃が適用されています。運賃の種類は国鉄時代の1977（昭和52）年度から1979（昭和54）年度までの3年分の旅客輸送密度で決められ、8000人以上ですと幹線、4000人以上8000人未満は地方交通線にと分けられました。

　往年の美祢線はいまよりも多くの旅客が利用していたのは確かです。でもいま挙げた期間の旅客輸送密度は2410人と、8000人以上ではありませんでした。ではなぜ幹線の仲間に入っているのかといいますと、貨物輸送密度が9578トンと、幹線となるもう一つの基準である4000トンを上回っていたからです。

　美祢線の貨物列車が運んでいた貨物のほぼすべては主にセメントの原料となる石灰石でした。石灰石は山口県美祢市にある宇部興産の伊佐鉱山で採石されて貨車に積み込まれた後、同社の専用側線を通じて美祢線の美祢駅または重安駅に集められて発送されたそうです。石灰石を載せた貨物列車は厚狭駅

○於福駅と渋木駅との間にある峠越えに挑む美祢線の普通列車。車両はJR西日本のキハ120形ディーゼルカーを中心に用いられている。*

○美祢線の起点、厚狭駅。かつては厚狭駅からJR西日本の山陽線へは多数の貨物列車が乗り入れていた。しかし、いまはすべて姿を消し、旅客列車はすべて厚狭駅を始発、終着としているため、美祢線から山陽線に乗り入れる営業列車は存在しない。*

○厚保駅で行き違いを行う貨物列車（写真下）と旅客列車の普通列車（写真上）。貨車を多数連結した貨物列車は先頭から最後部までが長いので、写真のような長大な行き違い設備を備えていた。しかし、貨物列車の廃止によって無用の長物と化している。*

から山陽線を経由して宇部線に乗り入れ、宇部線の居能駅や貨物駅の宇部港駅（現在は廃止）、宇部岬駅、さらには小野田線に乗り入れて小野田港駅を目指しました。

年間に900万トン近くの石灰石が輸送されていた当時、美祢駅の貨物の取扱量も年間700万トンあまりと全国一を記録していたそうです。1974（昭和49）年ごろの美祢線では貨物列車が38本も運転されており、ピーク時には30分に1本程度の割合で運転されていました。果たして現在はどうなっているのでしょうか。

厚狭駅を東に向かって走り出した列車はすぐに左に曲がって山陽線と分かれます。しばらくの間は市街地でしたが、やがて水田が目立つようになりました。列車の右側に厚狭川が見えるようになると単線の線路が二手に分かれます。厚狭駅から2.0kmの場所にある鴨ノ庄信号場です。

列車の行き違いを実施するために設けられた鴨ノ庄信号場には特徴があります。ポイントと呼ばれる分岐器からもう一方の分岐器までの距離が長いのです。石灰石を運んでいた貨物列車は貨車だけで22両も連結されていた結果、行き違いの部分の線路だけでも500m近く確保されました。

貨物列車の姿はもう見られない

美祢駅の次の駅、湯ノ峠駅も鴨ノ庄信号場と同様、行き違いが可能です。でも旅客列車用のプラットホームの長さは6両分くらいしかありません。貨物列車の運転に備えて行き違い部分の線路はとても長いのです。

湯ノ峠駅を出発しますと山岳区間となり、列車は最も急なところで16.7パーミルのこう配の坂を上り始めます。蛇行する厚狭川の谷間が狭い様子は、次の厚保駅までにこの川を3回渡っていることからもわかるでしょう。

厚保駅を出た列車は引き続き厚狭川沿いの谷間を行きます。列車の周囲には木々が迫り、

○重安駅を出発する石灰石輸送の貨物列車。貨物の荷主は太平洋セメントで、目的地はJR西日本宇部線の宇部岬駅であった。この貨物列車も2009年10月18日限りで姿を消している。*

見晴らしはよくありません。やがて里となって四郎ケ原駅に到着です。行き違いが可能なうえ、この部分の線路を長く取ってあるのは変わりません。次の南大嶺駅も同じつくりで、しかも途中の景色も似ています。

南大嶺駅を出た列車の周囲は深い森から丘陵地帯へ、そして市街地となりました。東に進む列車の右前方に見える2本の高い煙突が宇部興産伊佐セメント工場の目印です。列車は左に曲がって北に向きを変え、広々とした構内の美祢駅に到着しました。

美祢駅を出発しますと水田地帯となり、やがて重安駅に到着します。この重安駅でも先ほどの美祢駅でもいまは貨物列車の姿を見ることはできません。宇部興産伊佐鉱山で採石された石灰石の輸送は1998（平成10）年10月3日の列車ダイヤ改正で廃止となったからです。その後も美祢線を走る貨物列車は本数を大きく減らしつつも残り、石灰石や石炭灰などを運んでいましたが、これらも2014（平成26）年4月1日にすべて廃止となりました。ちなみに宇部興産伊佐鉱山は現在も操業を続けており、大量の石灰石を採石しています。これらは同社が保有する私道を経由してトレーラーで宇部港まで運ばれているそうです。

重安駅を出発しても周囲の景色はあまり変わりません。蛇行する厚狭川に忠実に沿って谷間を進みます。変化した点といえば、駅に敷かれた行き違い用の線路の長さです。500

○美祢線最後の貨物列車は、美祢駅とJR西日本山陰線の岡見駅との間を美祢線、山陽線、山口線、山陰線経由で結んでいた。岡見駅行きは宇部興産伊佐セメント工場で生産された炭酸カルシウム、美祢駅行きは中国電力三隅発電所で生じた石炭灰であったが、2013年度限りで廃止となっている。南大嶺～美祢間*

m近くということはなく、旅客列車に合わせてせいぜい200mあるかどうかという状態になりました。

於福駅という、重安駅の1駅先の駅から峠越えが始まります。最も急なこう配は25パーミルときつく、於福駅から5kmほどのところにある長さ1481mの大ケ峠トンネルの入口が峠です。急こう配の下り坂は次の渋木駅を経て長門湯本駅まで8kmほど続きます。

長門湯本駅の次の板持駅まで来ますと民家が多くなってきました。建物は列車が進むごとに増え、列車の左側から山陰線の線路が見えてきましたら終点・長門市駅に到着です。

09

JR四国・阿佐海岸鉄道・土佐くろしお鉄道
牟岐線／阿佐東線／阿佐線

徳島～海部間（牟岐線）、海部～甲浦間（阿佐東線）、後免～奈半利間（阿佐線）
[営業キロ] 79.3km（牟岐線）、8.5km（阿佐東線）、42.7km（阿佐線）
[最初の区間の開業] 1913（大正2）年4月20日／徳島～中田間（牟岐線）、
1992（平成4）年3月26日／海部～甲浦間（阿佐東線、全通）、
2002（平成14）年7月1日／後免～奈半利間（阿佐線、全通）
[最後の区間の開業] 1973（昭和48）年10月1日／牟岐～海部間（牟岐線）
[複線区間] なし
[電化区間] なし
[旅客輸送密度] 1935人（牟岐線）、105人（阿佐東線）、1476人（土佐くろしお鉄道の中村線と宿毛線とを合わせた数値）

四国東南部を縦貫する路線

　JR四国の牟岐線は徳島県徳島市にある徳島駅を起点とし、徳島県海陽町にある海部駅を終点とする79.3kmの路線です。徳島駅には牟岐線の列車をはじめ、高徳線や徳島線方面の列車も発着しています。

　阿佐海岸鉄道の阿佐東線は海部駅を起点とし、高知県東洋町の甲浦駅を終点とする8.5kmの路線です。そして、土佐くろしお鉄道の阿佐線は高知県南国市の後免駅を起点とし、高知県奈半利町の奈半利駅を終点とする42.7kmの路線となります。後免駅はJR四国の土讃線の列車も発着する駅です。

　これら3路線は、もともと四国東南部を縦貫する国鉄の一つの路線として1950年代に建設が決まりました。後免駅から奈半利駅を経て南西に進んで室戸岬に近い室戸市を通り、今度は北東に進んで甲浦駅を経て徳島駅へと至るというものです。しかし、国鉄の経営状況が悪化したために国鉄の路線として開業したのは牟岐線だけにとどまり、阿佐東線や阿佐線は1990年代以降になって第三セクター鉄道としてようやく開業しました。なお、残る奈半利駅から室戸市を通って甲浦駅に至る50kmあまりの区間は、利用者が少ないと見込まれており、また沿線の自治体も鉄道を運営する余裕がないので、建設の可能性はほぼないとみられます。本巻では、四国東南部を縦貫する路線として開業順に徳島駅から後免駅までを紹介しましょう。

　徳島城の跡のある徳島中央公園を左側に見ながら、牟岐線の列車は徳島駅を南西に向

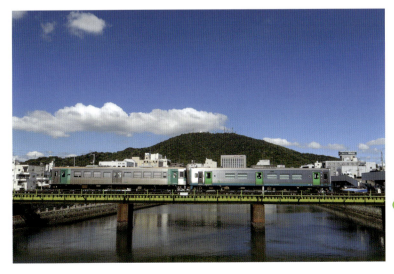

○徳島駅を出発したJR四国牟岐線の列車はすぐに長さ91mの富田川橋りょうを通過する。後方に見えるのは眉山で、徳島市を代表する観光地だ。徳島～阿波富田間

かって出発します。列車はすぐに右に曲がり、おおむね目指すのは南です。徳島駅から4つ目の地蔵橋駅までは徳島市の市街地のなかを進み、地蔵橋駅を出ますと水田も現れます。

牟岐線の線路は徳島駅から14駅目となる阿波橘駅までほぼ平坦です。阿波橘駅と次の桑野駅との間、それから桑野駅と次の新野駅との間には丘を越えるためにどちらも25パーミルのこう配の上り坂が待ち構えています。新野駅の隣の阿波福井駅を出発しますと本格的な山岳区間です。木々が列車の両側に迫るなか、最も急なところで25パーミルのこう配の坂を2kmあまり上り、長さ1732mの海部トンネルの入口のあたりで峠となります。そして、25パーミルのこう配の下り坂を3kmほど進んで由岐駅に到着です。

由岐駅を出発した列車が短いトンネルを出てしばらく走りますと左側に海が見えてきます。太平洋です。と同時に、単線の線路の左

○列車からはあまり海を見ることのできない牟岐線にあって、海がよく見える場所は田井ノ浜駅付近だ。写真の田井ノ浜駅は夏の海水浴シーズンのみ営業を行うため、他の時期はひっそりとしている。

側に置かれたプラットホームが姿を現します。この駅は田井ノ浜駅で、駅からすぐの田井の浜海水浴場を利用する人たち向けに設置された駅です。営業期間はおおむね7月下旬から8月上旬までと短く、他の期間は列車はすべて通過します。

阿佐線では海の景色が楽しめる

田井ノ浜駅の次の木岐駅からはトンネルの多い区間です。同時に峠越えもあり、25パーミルのこう配の坂を上り下りしなくてはなりません。

木岐駅から2つ目の日和佐駅のある徳島県美波町はウミガメで知られた町です。ウミガメは春から夏にかけて産卵のために上陸します。その場所は日和佐駅から徒歩20分ほどのところにある大浜海岸です。見学は可能ですが、ウミガメはとてもデリケートな生き物ですので、保護活動を行っている監視員の指示に従ってください。

日和佐駅から牟岐駅までの14.4kmは牟岐線で最も規模の大きな峠越えが待ち構えます。列車は狭い谷間を次の山河内駅の手前まで続く25パーミルのこう配を上り、いったん坂を下って山河内駅を過ぎてもう一度坂を上らなくてはなりません。上り坂は約3km先にある寒葉トンネルの入口までです。ここから約3kmの間25パーミルのこう配を下って辺川駅となり、こう配は緩くなるもののさらに下り坂が続いて牟岐駅となります。

牟岐駅から海部駅までの11.6kmも山あいの区間です。建設された時期が1960年代以

降と比較的新しいこともあり、カーブやこう配は緩いのですが、この間だけでトンネルが20カ所、延長も3.4kmに達します。

高架橋上にある海部駅では、牟岐線の線路と阿佐東線の線路とが結ばれているので起点、終点という趣はあまり感じられません。トンネルは甲浦駅までの8.5kmの間に17カ所設けられ、延長は4.6kmと、半分以上の区間がトンネルです。

海部駅の次の宍喰駅は高架橋上にあり、列車の左側遠方にようやく海が見えるようになります。宍喰駅を出ますと再びトンネルとなり、終点の甲浦駅に到着です。

甲浦駅からは高知県東部交通のバスが接続していて、1時間50分程度で奈半利駅前の奈半利停留所に着きます。

奈半利駅からは阿佐線の列車に乗りましょう。「ごめん・なはり線」という愛称をつけられたこの路線の建設時期も新しく、高架橋の区間が目立ちます。海沿いを行く場所も多く、奈半利駅から4つ目の下山駅から次の伊尾木駅との間、伊尾木駅から2駅先の球場前駅から穴内、赤野、和食、西分、夜須、香我美の各駅を経てあかおか駅までの間と、長

○高架橋上に設けられた阿佐海岸鉄道阿佐東線の宍喰駅。阿佐海岸鉄道の本社や車両基地が併設されている。

○土佐くろしお鉄道阿佐線の終点・奈半利駅。この駅から阿佐海岸鉄道阿佐東線の甲浦駅まで鉄道が敷かれる計画が存在した。

い間海を見ることができるのが特徴です。

あかおか駅の次のよしかわ駅を出ますと列車は高架橋に上ります。高知県香南市や南国市に広がる平坦な住宅地を通り過ぎた後、高架橋を降りますと終点の後免駅に到着です。

○土佐くろしお鉄道阿佐線は牟岐線や阿佐東線とは異なり、海がよく見える。建設された時期が新しいため、線路の多くは高架橋上に設けられているのも阿佐線の特徴だ。アマナイメージズ提供

JR四国
土讃線

多度津～窪川間　[営業キロ] 198.7km

[最初の区間の開業] 1889(明治22)年5月23日／多度津～琴平間
[最後の区間の開業] 1951(昭和26)年11月12日／影野～窪川間
[複線区間] なし
[電化区間] 多度津～琴平間／直流1500ボルト
[旅客輸送密度] 3010人

4つの鉄道会社が競った「こんぴらさん」への道

　土佐国（高知県）と讃岐国（香川県）とを結ぶ鉄道、それが土讃線です。最初に開業した多度津～琴平間は、現在のJR四国の予讃線の一部を建設した讃岐鉄道によって敷かれた区間で、四国では伊予鉄道に次いで2番目に建設された歴史ある路線です。猪ノ鼻峠や吉野川沿いの大歩危・小歩危峡を走る山岳路線で、急こう配や急曲線が連続するため、特急列車には、カーブで内側に傾いて高速走行を行う振子式車両が投入されています。

　起点の多度津駅からしばらく、列車は讃岐平野の田園地帯を走ります。進行方向右側に見えるこんもりとした山々は天霧山と善通寺五岳連山。左側には、むかし話に出てきそうなおむすび型の讃岐富士（飯野山）が見えます。讃岐平野周辺の山の多くが、こうした美しい円すい状の形をしているのは、いまから約1400万年前の火山活動の産物です。火山活動によってできた花崗岩と安山岩とのうち、雨風の侵食を受けにくい安山岩が残って丸い山になったといわれています。

　多度津駅から3つ目の琴平駅は「こんぴらさん」の愛称で親しまれる金刀比羅宮の玄関口です。金刀比羅宮は年間300万人もの参拝客が訪れる四国を代表する神社で、現存する日本最古の芝居小屋といわれる金丸座では、年に一度「四国こんぴら歌舞伎大芝居」が催されています。

　香川県の鉄道はこの金刀比羅宮へのアクセスをめぐって発展しました。昭和初期には、土讃線、琴平参宮電

○土讃線の起点である多度津駅は、予讃線との分岐駅でもあるため、古くからの鉄道の要衝だ。写真左は窪川駅方面からやって来た土讃線の特急「南風」、その右は予讃線の伊予西条駅行き普通列車、さらにその右は土讃線の窪川駅方面に向かう同じく特急「南風」だ。著者撮影

鉄、琴平急行電鉄、琴平電鉄と実に4社もの路線が琴平に乗り入れていたのです。いまは土讃線、そして琴平電鉄をルーツとする高松琴平電気鉄道の琴平線とが現役です。

　琴平駅の次の塩入駅からは左右に山が迫ってきます。塩入駅から2つ目の讃岐財田駅を過ぎますと、香川県と徳島県との境の猪鼻峠越えとなります。長さ3845mの猪ノ鼻トンネルで徳島県に入り、坪尻駅に着きます。

　坪尻駅は鮎苦谷川沿いの谷にある無人駅です。25パーミルの急こう配の途中にあり、プラットホームを本線から分岐した平地に設けたスイッチバック方式の駅です。周囲に民家はなく、利用者がほとんどいない秘境駅として知られています。

　標高212mの坪尻駅からは山を下り、6つのトンネルを抜けると、右側に視界が開けます。山すそに沿って高度を下げ、ぐるりと右に180度カーブして吉野川を渡ると、徳島線が合流して坪尻駅から2つ目の佃駅に到着します。

○金刀比羅宮への玄関口でもある琴平駅。1922年に建てられた洋館風の駅舎は国の登録有形文化財に登録されている。＊

○スイッチバック式の構造をもつ坪尻駅に普通列車が停車した。駅の周辺は山ばかりで民家は見当たらない。＊

吉野川の激流を楽しめる峡谷路線

　ここから、土讃線は吉野川とともに高知県を目指します。佃駅の一つ前の箸蔵駅で出合ったときは緩やかに流れる清流だった吉野川も、佃駅の次の阿波池田駅からは狭い谷を流れる急流に。土讃線は吉野川の脇のわずかな空間を縫って走り、トンネルと橋りょうとが連続します。阿波池田駅から土佐山田駅までの67.4kmは、全体の3割以上をトンネルが占め、その数は実に80カ所近くにのぼります。峡谷区間のハイライトは名勝として知られる小歩危・大歩危付近。ユニークな地名は、険しい山が急流に迫り、「大股で歩いても小股で歩いても危ない」といわれたことが由来だとか。大歩危付近では、タイミングがよければ観光舟下りも見えます。

　阿波池田駅から8つ目の大田口駅付近で吉野川とはお別れ。次の土佐穴内駅で右手に近づいてくる川は、吉野川の支流である穴内川です。土佐穴内駅の次の大杉駅から隣の土佐北川間は1986（昭和61）年に防災のため線

○ 土讃線の難所、大歩危峡をJR四国の観光列車「四国まんなか千年ものがたり」が行く。列車が渡っている川は吉野川で、トラス橋の橋りょうは長さ149mの第二吉野川橋りょうだ。*

路が付け替えられた区間。このとき移転した土佐北川駅は、穴内川を渡る橋りょうの上にある珍しい駅として知られています。

　土佐北川駅から2つ目で標高347m、四国で最も標高が高い繁藤駅から列車は無数のトンネルを経て一気に山を下ります。右に左にカーブが連続し、特に特急列車は乗り物酔いが心配になるほど傾きます。ようやく平地に出るのが繁藤駅から2つ目の土佐山田駅で、ここからはそれまでとは一転して高知平野をまっすぐ西へ向かいます。

　土佐山田駅から3つ目で土佐くろしお鉄道の阿佐線が分岐する後免駅からは市街地に入り、久万川を渡って後免駅から5つ目の高知駅へ向かいます。

　高知は、愛妻家として知られた戦国武将、山内一豊が治めた城下町でした。高知城は、江戸時代に建てられた天守や本丸御殿がほぼ完全な姿で残る全国唯一の城です。また、維新の志士、坂本龍馬の故郷としても知られ、駅前には坂本龍馬、中岡慎太郎、武市半平太（瑞山）の幕末三藩士の巨大な像があります。

　高知平野を横断した列車は再び山間部に入り、高知駅から16駅先の斗賀野駅から山を下ると、斗賀野駅から3つ目の大間駅の先でついに須崎湾と対面します。しかし、土讃線最大の難所は、実はこの先にあります。それ

○ 土讃線の大歩危〜角茂谷間は災害に何度も遭って大きな被害を受けたため、新線へと切り換えられた。その一環として土佐北川駅も窪川駅側に約500m移動し、第六穴内川橋りょう上に設けられている。*

が、大間駅から4つ目の土佐久礼駅と影野駅との間。標高8mの土佐久礼駅から同じく標高252mの影野駅までたったの1駅・10.7kmで244mを上りつめるのです。25パーミルの急こう配が9.3km続き、トンネルも23カ所あるなど、蒸気機関車時代には機関士泣かせの区間でした。

　影野駅からは仁井田川沿いの谷を緩やかに下り、影野駅から3つ目で土佐くろしお鉄道中村線に接続する窪川駅に到着します。

11

JR九州
豊肥線
大分～熊本間　［営業キロ］148.0km

［最初の区間の開業］1914（大正3）年4月1日／大分～中判田間
［最後の区間の開業］1928（昭和3）年12月2日／玉来～宮地間
［複線区間］なし
［電化区間］大分～下郡信号所間、肥後大津～熊本間
　　　　／交流2万ボルト、60ヘルツ
［旅客輸送密度］3483人

阿蘇の外輪山に沿って九州を横断する路線

　JR九州の豊肥線は大分駅を起点とし、熊本駅を終点とする148.0kmの路線です。大分駅は大分県大分市にあって大分県を代表する駅で、ほかにJR九州の日豊線や久大線の列車も発着しています。いっぽう、熊本駅は熊本県熊本市にあって熊本県を代表する駅です。JR九州の九州新幹線や鹿児島線の列車が発着し、また同じJR九州の三角線や肥薩線の列車も乗り入れ、さらには駅前には熊本市交通局の路面電車の田崎線の電車も乗り入れています。

　起点と終点とは法規上のもので、JR九州は実際には熊本駅を起点、大分駅を終点として営業中です。本巻でもそのように紹介しましょう。

　もう一つ断っておかなくてはならない点があります。2016（平成28）年4月に発生した熊本地震によって豊肥線に被害が生じたため、2019（平成31）年3月の段階でも、熊本県大津町にある肥後大津駅と同県阿蘇市の阿蘇駅

○熊本市内の著名な観光地である水前寺成趣園。東海道五十三次を模した景色が再現されており、写真奥の丘は富士山を見立てている。*

○電化された熊本市の近郊区間を行く普通列車が白川を渡る。JR九州の815系電車が通過しているのは長さ72mの第二白川橋りょうだ。*

○ 多くの観光地を貫くことから豊肥線には多数の観光列車が運転される。JR九州のクルーズトレイン「ななつ星in九州」もしばしば豊肥線を行く。豊後清川〜緒方間
アマナイメージズ提供

との間の27.3kmが不通となっているのです。被害は大変大きく、2019年3月時点でも復旧時期は明らかとなっていません。残念ながら、今回は不通となっている区間以外を紹介することとします。

　熊本駅を出発した列車は南に向けて走り出し、1km近く鹿児島線の線路と並走した後、左に分かれて東に向きを変えました。市街地のなかを進む普通列車が最初に停車する駅は平成駅です。この駅は駅名のとおり、1992（平成4）年7月15日と平成の時代に開業を果たしました。なお、駅の所在地は熊本市中央区平成2丁目で、プラットホームの上を直角に交差する道路の名は平成大通りと呼ばれます。

　列車はなおも熊本市の市街地を走って新水前寺駅に到着しました。この駅から徒歩10分ほどのところに水前寺成趣園があります。肥後藩主の細川綱利が完成させた庭園で、東海道五十三次を模した景色が再現されているのが特徴です。なお、新水前寺駅の次は水前寺駅となっています。両駅の間は600mしか離れていませんので、水前寺成趣園へは水前寺駅で降りても歩いて行くことは可能です。

　熊本市の市街地は広大で、住宅や商店はなかなか途切れません。水前寺駅から5つ目の三里木駅から熊本県菊陽町に入りますが、少々緑が増えたように感じられる程度で、大体似たようなものです。ただ、三里木駅を出発しますと水田も目立つようになりました。そのうち、大津町の市街地に入って肥後大津駅に到着です。熊本駅からこの駅までが電化区間となります。

岡城、菅尾石仏、それぞれのゆかりの地を行く

　阿蘇駅を出発した列車は、直線がちの水田地帯を快調に飛ばし、隣のいこいの村駅を経て宮地駅に到着しました。宮地駅からは険しい山岳区間です。列車は隣の駅で10.7km離れた波野駅の約1km手前まで、ほぼひたすら25パーミルのこう配の坂を上り続けます。

　宮地駅を出た列車が進む方向は南東から南西へ、そして南東へと目まぐるしく変わりました。やがて阿蘇山の外輪山にある、妻子ヶ鼻といって山が岬のように突き出した部分の北側を回り込むように走ります。線路の周りは木々で囲まれ、見晴らしはよくありません。

　列車は北北東に走りながら天狗トンネル（長さ263m）、神石トンネル（同372m）、堂山

トンネル（同147m）、願成就トンネル（同665m）と立て続けにトンネルに入り、右に曲がって東に進み始めた直後に5つ目となる長さ2283mの坂の上トンネルに入ります。

坂の上トンネルを出た直後が峠で、標高は764.9mです。わずかな平坦区間の後、25パーミルのこう配で下り坂が始まります。ただし、この下り坂はすぐに平坦になって波野駅に到着です。波野駅を出発しますと再び25パーミルのこう配の下り坂となります。この下り坂は、途中に設けられた滝水、豊後荻、玉来の各駅の構内を除いて20kmほど続きます。大分駅方面からの列車にとっては大変過酷な道のりです。

滝水駅はまだ深い山のなかの駅といった風情でしたが、豊後荻駅まで坂を降りますと、駅の周囲は開け、高原の趣となりました。豊後荻駅を出発した列車は、しばらくは開けた水田地帯のなかの下り坂を行きますが、急に山が深くなります。最長でも310mあまりと短いながらもトンネルが11ヵ所も連なるなかを進み、玉来駅まで降りてきました。

玉来駅の隣の豊後竹田駅のある大分県竹田市の中心部は、狭い盆地に開けたかつての岡藩の城下町です。難攻不落といわれた岡城は豊後竹田駅から東に直線距離で2kmほどのところにあります。幼少期に竹田の街で過ごした作曲家の滝廉太郎は岡城の様子をもとに名曲「荒城の月」をつくりました。

豊後竹田駅から5つ目の菅尾駅のある大分県豊後大野市の菅尾の街は崖に掘られた菅尾石仏で知られています。残念ながら菅尾石仏を列車から見ることはできません。菅尾駅を出発して列車の左側に現れる山の反対側にあ

○「荒城の月」の舞台となった岡城への玄関口、豊後竹田駅。駅前には地元出身の彫刻家である朝倉文夫の手による裸婦像が建てられている。*

○大分県内の区間には、菅尾駅と犬飼駅との間にある菅尾石仏で知られるように険しい崖が多い。写真は、菅尾駅から熊本駅に向かって1つ目の三重町駅とその隣の豊後清川駅との間にある奥嶽川橋りょうを渡る普通列車。写真奥は長さ517mの百枝トンネルで、入口はまさに絶壁に掘られている。*

ります。

相変わらず25パーミルの急なこう配はあちらこちらで現れ、周囲は山のままです。菅尾駅から4つ目の大分大学前駅を過ぎたあたりで周囲は開けてきまして、大分県大分市の市街地に入りました。そのまま列車は進み、右側から日豊線の線路が見えてくると下郡信号所です。日豊線の線路と並走して大分川を渡り、終点の大分駅が見えてきました。

JR九州 吉都線

吉松〜都城間　[営業キロ]61.6km

[最初の区間の開業]1912（大正元）年10月1日／吉松〜小林間
[最後の区間の開業]1913（大正2）年10月8日／谷頭〜都城間
[複線区間]なし
[電化区間]なし
[旅客輸送密度]454人

えびの高原の地域住民の重要な交通機関

　JR九州の吉都線は、肥薩線の列車も発着する吉松駅を起点とし、日豊線の列車も発着する都城駅を終点とする61.6kmの路線です。肥薩線、日豊線ともJR九州の路線で、吉松駅は鹿児島県湧水町、都城駅は宮崎県都城市にあります。

　吉都線はJR九州の路線のなかで最も旅客輸送密度の少ない路線です。いまでは厳しい経営環境に置かれたローカル鉄道路線の一つにすぎませんが、開業当時は福岡県から大分県や宮崎県を経由して鹿児島県までを結ぶ今日のJR九州日豊線のもつ役割を果たしていました。日豊線のうち、都城駅と14ページでも紹介した肥薩線の隼人駅との間の44.8kmが開通したのは1932（昭和7）年12月6日と遅れたため、この区間は吉都線と肥薩線とを通る99.0kmのルートで結ばれていたのです。

　幹線であった歴史は過去に名乗っていた路線名にも刻まれています。開業当時の吉都線は宮崎線という名称で、1917（大正6）年9月21日には宮崎本線という立派な名に改められました。幹線としての任務から外された後も吉都線は肥薩線を通じて熊本県と宮崎県とを結ぶ路線網の一部を構成したこともあります。いまは地域の人々のための交通機関となり、肥薩線の八代〜吉松間とともに「えびの高原線」という愛

○えびの駅とえびの上江駅との間にある池島川を普通列車が渡っていく。写真後方には肥薩線も通る矢岳高原などのある山々が見える。

称がつけられました。

　南北に線路が敷かれた吉松駅から北に向かって吉都線の列車は出発します。列車が700mほど走りますと肥薩線の八代駅方面の線路が左に分かれました。吉都線の線路はそのしばらく後に北東に向きを変え、長さ141mの第二川内川橋りょうで川内川を渡ります。「第二」とありますが、第一川内川橋りょうは吉都線はもちろん、JR九州の他の路線にもありません。恐らくは肥薩線の吉松駅と栗野駅との間にある川内川橋りょう（長さ115m）が「第一」を意味するのでしょう。

　列車は吉松駅からえびの飯野駅までの15.0kmの区間で、この川内川によって形成された広々とした平野のなかを進みます。線路の周囲には背の高い草木が立ち並んでいてなかなか遠くを望めません。吉松駅の次の鶴丸駅を出ますとやがて視界が開け、手前には水田、遠くには山という景色が広がります。

　鶴丸駅の次の京町温泉駅を出発した列車は右に曲がり、今度は東に向けて走り出しました。カーブを曲がり終えますと、長い直線区間が始まります。長さは京町温泉駅から4.6km先のえびの駅の構内を除いて、5kmほどです。線路の周囲は引き続き水田が広がります。

霧島の山々を見ながら、シラス台地を進む

　えびの駅に近づいたあたりで列車の右側を注目してください。天気がよければ遠くに山々が連なっているのが見えるでしょう。霧島と呼ばれる山々です。ところどころで手前に生い茂る木々に視界を遮られますが、えびの駅から2つ目のえびの飯野駅から西小林駅を経て小林駅までの間で大きく見えるでしょう。なかでも最も目立つのは標高1700mと最も高い韓国岳です。平らな山頂をもつこの山からは、朝鮮半島を示す韓の国を見下ろせるほどであったという逸話から名づけられました。

　吉都線には吉松駅側から見て、えびの駅、えびの上江駅、えびの飯野駅と、宮崎県えび

●えびの駅の駅舎は1912年10月1日の開設以来用いられており、国の登録有形文化財に登録されている。

●えびの高原の白紫池越しに韓国岳を見たところ。*

○吉都線に登場したチョコレートの「キットカット」のラッピング車両。2018年12月から2019年春まで運転された。車両のデザインは沿線の宮崎県立小林高校美術部の生徒が担当したという。朝日新聞社提供

の市の「えびの」を頭につけた駅が3つ続きます。では愛称となっているえびの高原はこれらの駅の近くにあるのかというとそうではありません。えびの高原とは韓国岳のすそ野に広がる標高1200mの高原を指します。「えびの」の由来には諸説ありますが、かつては火山活動が活発で、えび色に変わったススキしか生えていなかったからだそうです。

西小林駅を出た列車は最初のうちは木々の生い茂るなかを走ります。やがて市街地が増えて駅に到着します。宮崎県小林市の中心となる小林駅です。小林市は、先ほど取り上げた韓国岳をはじめ、標高1429mの獅子戸岳、標高1421mの新燃岳といった霧島の山々を市の領域に含んでおり、霧島めぐりの拠点の一つとなっています。

なお、霧島の山々ではいまも噴火活動が盛んです。新燃岳が2018（平成30）年3月に噴火したときには、火山灰が小林市まで降り注ぎ、吉都線にも影響を及ぼしました。

小林駅を出発しますと、いままでおおむね東に向かっていた列車の向きが南へと変わりました。列車の周囲には再び水田が目立つようになり、列車は小林駅から5つ目の東高崎駅を出たあたりで都城盆地と呼ばれる広々とした平地を走るようになります。

都城盆地に入りますと、線路の周囲には水田に加え、畑も目立ってきました。吉都線の

○吉都線の終点となる都城駅は吉都線の全線開業と同時に開設された。日豊線の線路とは東西方向に直線になるように結ばれており、かつては同じ路線であったことを示している。*

沿線はほぼ全線にわたって霧島の山々などの大噴火によって生じた火山灰などが堆積してできた「シラス」におおわれ、なかでも都城盆地では広範囲に分布していることが知られています。

シラスは水はけがよいため、本来は稲作には向かず、畑作が盛んに行われてきました。ですから、都城盆地では畑が目立つのです。

南に進み続けた列車は、東高崎駅から3つ目の日向庄内駅を過ぎますと左に曲がり、東に向きを変えます。大淀川を渡りますと終点の都城駅が姿を現しました。

錦川鉄道
錦川清流線

川西～錦町間　[営業キロ] 32.7km

[最初の区間の開業] 1960(昭和35)年11月1日／川西～河山間
[最後の区間の開業] 1963(昭和38)年10月1日／河山～錦町間
[複線区間] なし
[電化区間] なし
[旅客輸送密度] 326人

錦川沿いを進み、島根県の日原駅を目指した路線

　錦川鉄道の錦川清流線は、山口県岩国市にあり、JR西日本の岩徳線の川西駅を起点とし、同じく岩国市の錦町駅を終点とする32.7kmの路線です。すべての列車は川西駅から岩徳線に乗り入れ、5.6km先で岩国市の中心となる岩国駅を発着します。岩国駅は岩徳線のほか、JR西日本の山陽線の列車も発着する駅です。

　この路線は国鉄の岩日線として開業を果たしました。「岩日」の「岩」はおわかりのとおり岩国ですが、「日」は見当もつきません。「日」は日原から取られていまして、島根県津和野町にあるJR西日本の山口線の駅を目指す予定でした。実際に現在の終点の錦町駅から約17km先の島根県吉賀町にある六日市という街まで線路の一部は建設されています。しかし、開業しても利用者は少ないと見込まれ、また国鉄自体の経営状況も悪化した

○桜の花と菜の花とに包まれた南河内駅に錦川清流線のディーゼルカーが到着した。花の見どころは例年4月上旬だという。*

ため、建設は凍結されたのです。

　無事に開業できた区間の歩みも平穏ではありません。1980年代に入って特定地方交通線に指定され、国鉄から切り離されることとなったのです。この結果、岩日線はJR西日本にいったん引き継がれた後、1987（昭和62）年7月25日から錦川鉄道の錦川清流線として再スタートを切りました。

　駅名のとおり、錦川の西側に設けられた川西駅を出発した列車は、平坦（へいたん）ながらも山のなかを走ります。やがて長さ685mの道祖峠（さやのとうげ）トンネルを抜けますと、単線の線路は二手に分かれ、錦川清流線の列車は右へと分岐しました。この分岐点は森ケ原（もりがはら）信号場といいまして、岩徳線と錦川清流線とが分岐、合流を行う場所として設けられました。したがって、川西駅から森ケ原信号場までの1.9kmは、正式には岩徳線の線路を走っているのです。

　岩徳線の線路と分かれた後、列車は右に曲がりながら御庄川（みしょうがわ）を渡り、そのままこの川が切り開いた狭い谷間を進みます。山の斜面が左側に、背の高い木々が右側という見通しが利かないなかをしばらく行きますと、前方に巨大な高架橋が横切っているのが見えてきました。山陽新幹線の高架橋です。この高架

○JR西日本の山陽新幹線との乗換駅、清流新岩国駅。山陽新幹線の立派な駅と比べて、こちらは簡素なつくりである。＊

橋をくぐりますと、直後に1面のプラットホームが単線の線路に横付けされた駅が現れます。この駅の名は清流新岩国（せいりゅうしんいわくに）駅で、山陽新幹線の新岩国駅との乗換駅です。

　ただし、両駅の間は連絡通路などで結ばれていないので、乗り換えるにはいったん駅の外に出て道路を歩かなくてはなりません。これでもまだよいほうで、国鉄時代には清流新岩国駅は御庄駅と名乗っていて、岩日線の開業後の1975（昭和50）年3月10日に開設された山陽新幹線の新岩国駅と連絡しているのかどうかすら明らかにされていませんでした。岩日線が国鉄時代にいかに期待されていなかったかがわかります。

国指定の文化財、天然記念物のなかを行く

　清流新岩国駅を出発した列車は短いトンネルをくぐりますと錦川の西側となる右岸に到達しました。路線名のとおり列車の右側に広がる清流を楽しみたいところですが、草木の背が高く、なかなか見ることができません。やがて列車は守内（しゅうち）かさ神（がみ）駅に着きました。

「守内」とは錦川対岸の地名、そして「かさ神」とは守内にある神社の名です。「かさ」は「瘡」と記しまして、皮膚のできものですとか梅毒（ばいどく）を意味します。かさ神神社はこうしたものを治すために祈願する神社です。

　守内かさ神駅を出た列車が短いトンネルを

○国の天然記念物であるカジカガエルの生息地には南桑駅から。錦川に面したプラットホームで耳を澄ますとカジカガエルの美しい鳴き声が聞こえるかもしれない。*

○意外にも錦川清流線の列車が錦川を渡る機会は1回だけだ。それも柳瀬駅と終点・錦町駅との間で、長さ104mの錦川橋りょうを列車が行く。*

抜けますと急に視界が開けてきました。錦川の広々とした河原を高架橋、そして築堤から眺めながら南河内駅に到着です。再び山の斜面と木々とに囲まれながら進んでいきますと行波駅に着きました。

行波駅から徒歩5分ほどの場所にある錦川の河原では、7年に一度、岩国行波の神舞といいまして、神に奉納する舞が披露されます。

列車が行波駅の次の北河内駅を出発して3kmほど進みますと、左側の斜面に滝が現れます。5段の滝の落差は25mです。近年になって発見された滝で、錦川鉄道によって「清流の滝」と命名されました。清流の滝が近づきますと車内で案内がありますし、列車によっては速度を落として見やすくしてくれるそうです。

北河内駅から2つ目の南桑駅の周辺の錦川には、カジカガエルがたくさんいて、南桑のカジカガエル生息地として国の天然記念物に指定されています。カジカガエルは「キュルキュル」などと鳥のように美しく鳴くのが特徴です。列車に乗っていますとディーゼルカーの音にかき消されてしまいますので、鳴き声を聞きたいのでしたら南桑駅で降りるとよいでしょう。

南桑駅から2つ目の根笠駅を出ますと、錦川から離れて山をトンネルで貫く区間が増えてきました。根笠駅から2つ目の柳瀬駅を出てすぐの柳瀬トンネル（長さ1032m）もその一つです。柳瀬トンネルを出ますと初めて錦川を渡り、対岸にある終点・錦町駅に到着します。

○錦川清流線の終点・錦町駅。この駅からJR西日本山口線の日原駅を目指し、一部の区間で線路が建設されたが工事は凍結され、開業は夢に終わってしまった。

平成筑豊鉄道
伊田線／糸田線／田川線

直方～田川伊田間（伊田線）、金田～田川後藤寺間（糸田線）、行橋～田川伊田間（田川線）
[営業キロ] 16.1km（伊田線）、6.8km（糸田線）、26.3km（田川線）
[最初の区間の開業] 1893（明治26）年2月11日／直方～金田間（伊田線）、
　1897（明治30）年10月20日／糸田～田川後藤寺間（糸田線）、
　1895（明治28）年8月15日／行橋～田川伊田間（田川線、全通）
[最後の区間の開業] 1899（明治32）年3月25日／金田～伊田間（伊田線）、
　1929（昭和4）年2月1日／金田～糸田間（糸田線）
[複線区間] 直方～田川伊田間（伊田線）
[電化区間] なし
[旅客輸送密度] 873人（伊田線、糸田線、田川線を合わせた数値）

貨物輸送を主体として開業した路線群

　平成筑豊鉄道は伊田線、糸田線、田川線の3路線を保有し、旅客営業を行っている鉄道会社です。これら3路線のほか、北九州市が保有する門司港レトロ観光線での旅客営業も担当しています。門司港レトロ観光線は営業キロが2.1kmと短く、大都市の北九州市の中心部を行くために本巻では割愛し、伊田線、糸田線、田川線を取り上げましょう。

　伊田線は福岡県直方市にあり、JR九州の筑豊線の列車も発着する直方駅を起点とし、福岡県田川市にあり、田川線の列車やJR九州の日田彦山線の列車も発着する田川伊田駅を終点とする16.1kmの路線です。糸田線は福岡県福智町にあり、伊田線の列車も発着する金田駅を起点とし、福岡県田川市にあり、JR九州の日田彦山線や後藤寺線の列車も発着する田川後藤寺駅を終点としています。営業キロは6.8kmの路線です。田川線は福岡県行橋市にあり、JR九州の日豊線の列車も発着する行橋駅を起点とし、田川伊田駅を終点としています。営業キロは26.3kmの路線です。

　今回紹介する平成筑豊鉄道の3路線はすべて国鉄の路線で、もとは私鉄として開業した路線を国有鉄道の時代に国有化したという経緯をもっています。そして、3路線とも一部または全区間が明治時代に開業したという具合に長い歴史をもっている点が特徴です。沿線の関係者の方々には失礼ないい方かもしれませんが、いま3路線

遠賀川に架けられた長さ221mの嘉麻川橋りょうを行く伊田線の列車。橋りょうの名は明治時代の遠賀川の呼び方にちなんで命名された。伊田線は全線複線であるため、橋りょうも2組設けられている。南直方御殿口～あかぢ間

を訪れても、その成り立ちはあまり理解できません。というのも、往年の面影がほぼ失われてしまったからです。

あまり紹介される機会がないので、日本が高度経済成長期を迎えたばかりの1956（昭和31）年度の3路線の輸送状況を紹介しましょう。旅客輸送密度は伊田線が5406人、糸田線が1064人、田川線が5665人でした。いまよりははるかによい数値とはいえ、国鉄の基準では幹線とはいえません。

今度は貨物輸送密度を見てみましょう。伊田線は8581トン、糸田線は6749トン、田川線は5095トンと3路線とも幹線と呼ばれる4000トンを上回っていました。貨物の輸送量を見ますと、伊田線で約520万トン、糸田線で約260万トン、田川線が約400万トンです。この数値がいかに大きいかは、同じ年度の九州の大幹線である日豊線の貨物の輸送量が約360万トンであったことからもうかがえます。

かつての盛況を複線区間や広大な構内が伝える

伊田線、糸田線、田川線に共通して運ばれていた貨物は石炭で、ほぼすべてであったといってよいでしょう。田川市には三井鉱山（現在の日本コークス工業）の三井田川鉱業所というとても規模の大きな炭鉱があり、伊田線、糸田線はいまのJR九州の筑豊線を通じて、田川線は行橋駅から日豊線を通じて多量の石炭を輸送する役割を担っていたのです。しかし、石炭から石油へのエネルギーの転換によって三井田川鉱業所は1964（昭和39）年3月に閉山となりました。と同時に3路線とも幹線からローカル鉄道路線へと変わってしまったのです。

直方駅から伊田線の列車に乗ってみましょう。広々とした駅の構内を出ますと、興味深い点に気づきます。列車の右側を並走する筑豊線の線路ともども複線で、4組の線路が並べられているのです。筑豊線ともども多数の貨物列車を走らせるためのもので、伊田線が複線となったのは直方〜金田間が1911（明治44）年9月1日、金田〜伊田間が同じ年の

○伊田線、糸田線、田川線の成立の契機となったのは三井田川鉱業所で採掘された石炭の輸送であった。伊田線の終点・田川伊田駅の近くにはその三井田川鉱業所伊田竪坑跡があり、田川市石炭・歴史博物館となっている。＊

12月28日のことでした。

伊田線は全線にわたって平坦な区間を行きます。線路の周囲は多くが市街地で、駅から離れていくにつれて水田が現れるという具合に、大都市近郊の路線といってよいでしょう。炭鉱が姿を消したことで沿線の人口は減りましたが、実際に列車に乗って周囲を見回しますと過疎化は感じられません。にもかかわら

○糸田線の糸田駅は福岡県糸田町の中心に近い場所に開設された。駅舎はドーム状の屋根をもち、夜間には緑色の光で照らされることから「グリーンドーム糸田」と呼ばれる。*

○田川線の勾金駅を出発し、田川伊田駅方面を目指す列車。写真奥は行橋駅方面である。

ず、伊田線をはじめとする平成筑豊鉄道3路線の旅客輸送密度が少ないのは、ひとえに自動車交通への転換に尽きるでしょう。

終点の田川伊田駅から徒歩8分ほどのところに田川市石炭・歴史博物館があります。三井田川鉱業所の跡地に建てられたこの博物館は石炭に関する資料が多数収蔵されており、往年の石炭産業を知ることができる場所です。

糸田線の車窓の風景も伊田線に似ています。単線であるためか、線路と周囲の建物との距離がより近く感じられます。降りたっての第一印象ということでご理解いただきたい点として、終点の田川後藤寺駅は起点の金田駅とうり二つに感じられるという点です。つまりは広大な構内をもち、駅の周辺も似たような規模の街に見えるということです。糸田線は決して人口の少ない地域を行く鉄道ではありません。

田川線の旅はいままで説明した2路線とは異なる点が多いのが特徴です。日豊線と同じく高架橋上に設けられた行橋駅を出発した列車は、3つ目の豊津駅までは行橋市の市街地を進みます。豊津駅からは水田地帯となり、4つ目の崎山駅からは木々の生い茂るなかを行く山岳地帯です。でも、こう配は10パーミル程度と平坦な区間といえるでしょう。いくつか通るトンネルは幅が広く、複線化を視野に入れていたことがわかります。

山あいの区間は崎山駅から6つ目の勾金駅までです。かつてこの駅からは石灰石が行橋駅方面へと積み出されたこともありましたが、過去の話となりました。

勾金駅の次の上伊田駅で日田彦山線の線路と合流します。ただし、この駅は田川線の列車だけが止まる駅です。田川市の市街地に入った列車はそのまま日田彦山線と共用の線路を走り、隣の駅で終点の田川伊田駅に着きました。

○田川線の勾金駅を貨物列車が出発する。運んでいる貨物は石炭とセメントであろう。1974年の撮影で、今日の勾金駅の写真と比べても駅構内にはほとんど面影は残っていない。

肥薩おれんじ鉄道
肥薩おれんじ鉄道線
八代～川内間　[営業キロ] 116.9km

[最初の区間の開業] 1922(大正11)年7月1日／西方～川内間
[最後の区間の開業] 1927(昭和2)年10月17日／湯浦～水俣間
[複線区間] 湯浦～津奈木間
[電化区間] 八代～川内間／交流2万ボルト、60ヘルツ
[旅客輸送密度] 806人

車窓いっぱいに海が広がる絶景鉄道

　肥薩おれんじ鉄道は、2004（平成16）年3月13日にJR九州の九州新幹線の新八代～鹿児島中央間が開業したことによって、JR九州の鹿児島線から分離された第三セクター鉄道です。熊本県八代市の八代駅から鹿児島県薩摩川内市の川内駅まで、おおむね海岸に沿って走り、八代海や東シナ海などの絶景を楽しめる路線として人気です。豪華な車両で、沿線の食材を使った料理を味わいながらゆっくりと走る観光列車「おれんじ食堂」が運行され、九州を一周するJR九州の最高級の列車「ななつ星in九州」も走ったことがあります。

　かつては九州の大動脈だったので、全線が交流2万ボルト、60ヘルツで電化されていますが、架線から電気を取って走るのは貨物列車などをけん引する電気機関車だけです。定期旅客列車はすべてコストの安いディーゼルカーで運行されています。

　起点はJR九州の肥薩線との分岐駅である八代駅。出発してしばらくは右側に肥薩線の線路が並走し、まるで複線のようです。肥薩線と分かれると、すぐに右に大きくカーブしてトンネルに入り、肥薩線をまたいで球磨川を渡ります。この複雑な線形は、肥薩線のほうが鹿児島へのメインルートとして先に建設された名残です。肥薩線の全通が1909（明

○八代海に沿って進む肥薩おれんじ鉄道線の列車。対岸に見えているのは長島である。袋～米ノ津間

治42）年だったのに対し、川内回りのルートが全通したのは1927（昭和2）年。海岸ギリギリまで山が迫る複雑な地形で遠回りとなるため、開業が遅れたのです。

八代駅から2つ目の日奈久温泉駅は、肥薩おれんじ鉄道の開業時に日奈久駅から改称した駅。戦国時代から親しまれ、江戸時代には肥後藩が管理した由緒ある温泉街があります。ここからは、すぐ右側に八代海が広がる素晴らしい景色を楽しめる区間。八代海は宇土半島、天草諸島、長島などに囲まれた遠浅の海で、不知火海とも呼ばれます。これは、水平線上に光が浮かぶ「不知火」が見えることがあるためです。不知火は蜃気楼の一種で、干

潟の砂と水の温度差によって空気がレンズの役目を果たし、漁港の光が海上に浮かんで見えるといわれています。旧暦8月1日の夜に現れるといわれ、もし見えたら大変幸運です。

次の肥後二見駅からは並走する国道が内陸に入り、いよいよ不知火海を「独り占め」できる区間。約8分間にわたって、絶景が続きます。

肥後二見駅の次の上田浦駅を過ぎてしばらく走ると内陸に入り、赤松太郎峠、佐敷太郎峠、津奈木太郎峠という3つの峠を越えて熊本県水俣市街へ。上田浦駅から8つ目の水俣駅の隣、袋駅を発車しますと、まもなく鹿児島県に入ります。

肥後と薩摩との国境に架かる小さな石橋

熊本県と鹿児島県との県境には、境川という小さな川が流れています。車窓の左下に見える古い石橋は、「境橋」。江戸時代までここは国境の川として橋が架けられず、人々は石伝いに渡っていました。肥後（熊本）と薩摩（鹿児島）とは、はるか昔からライバル同

士でした。戦国時代には、このあたりでは幾度となく肥薩両国の戦いが繰り広げられました。

境橋は、西南戦争から6年後の1883（明治16）年に肥薩国境に初めて架けられた橋です。小さいながらも美しいアーチは肥後石工（石職人）の技術の高さをいまに伝えています。

袋駅から2つ目、九州新幹線との接続駅で肥薩おれんじ鉄道の車両基地もある出水駅から、列車は出水平野をまっすぐ西へ進みます。出水駅から3つ目の野田郷駅から小さな山を一つ越え、折口駅の先で久しぶりに海が見えてきます。ここは東シナ海。遠くに見える島は阿久根大島です。

折口駅の次の阿久根駅を抱える鹿児島県阿久根市は人口約2万人と、沿線を代表する市の一つですが、九州新幹線は経由していませ

○熊本県（写真右）と鹿児島県（写真左）との県境に架けられた境橋は、明治時代の姿をいまに伝える。写真奥に見えているのは肥薩おれんじ鉄道線の境川橋りょう（長さ36m）だ。*

○東シナ海の波打ち際を肥薩おれんじ鉄道のディーゼルカーが行く。写真に見える架線は肥薩おれんじ鉄道線を通るJR貨物の貨物列車が使用する。

ん。駅舎は2014（平成26）年にリニューアルされ、キッズコーナーや食堂、カフェ、図書コーナーなどを備えた「にぎわい交流館」となっています。駅前にも出てみましょう。ブルートレインとして知られる懐かしい寝台特急用の車両があります。京都駅と西鹿児島駅（現・鹿児島中央駅）との間などを結んだ寝台特急「なは」に使われていた24系25形寝台客車で、「なは」の廃止後、停車駅の一つだった阿久根駅前で宿泊施設として使われていました。しかし、いまはその施設も廃業し、次第に車体が傷んできています。鉄道車両は、整備をしなければすぐに壊れてしまうのです。保存しようと努力している人もいますが、大変なお金がかかるため、実現できるかはまだわかりません。

阿久根駅からは、またちらりちらりと東シナ海を見ながら南へ進みます。再び目の前いっぱいに海が広がるのは、阿久根駅から2つ目の薩摩大川駅付近から。夕暮れ時なら、季節によっては水平線に沈む夕日も見られます。

潮風に誘われたら、薩摩大川駅から2つ目の薩摩高城駅で降りてみましょう。プラットホームから延びる遊歩道を3分ほど歩くと視界が開け、白い砂浜と真っ青な海が姿を現します。ここは、薩摩高城駅からしか行けない砂浜です。「おれんじ食堂」や「ななつ星in九州」も立ち寄ります。

どこまでも青い東シナ海は、この薩摩高城

○「にぎわい交流館」として駅舎がリニューアルされた阿久根駅。木材を生かしたデザインを担当したのは、肥薩おれんじ鉄道の観光列車「おれんじ鉄道」も手がけた、工業デザイナーの水戸岡鋭治氏である。*

○薩摩高城駅から遊歩道を行くこと3分で海岸に到着する。この海岸は薩摩高城駅からしか行くことができないプライベートビーチだ。*

駅でお別れ。列車は内陸に入り、左から新幹線の高架橋が近づいて薩摩高城駅から3つ目の終点・川内駅に到着します。

16

JR西日本
小野田線
小野田〜居能間、雀田〜長門本山間　[営業キロ] 13.9km

[最初の区間の開業] 1915（大正4）年5月16日／雀田〜居能間
[最後の区間の開業] 1947（昭和22）年10月1日／小野田港〜雀田間
[複線区間] なし
[電化区間] 小野田〜居能間、雀田〜長門本山間／直流1500ボルト
[旅客輸送密度] 441人

かつて貨物輸送でにぎわった路線に廃止のうわさも

　JR西日本の小野田線は、製塩に使用する石炭や、セメント製造に使う石灰石の輸送を主な使命としてきた路線です。1915（大正4）年に開業した小野田軽便鉄道をルーツとし、太平洋戦争中の1943（昭和18）年4月1日に国有化されました。戦後は、周辺の海底炭鉱から産出される石炭や、32ページで紹介したJR西日本の美祢線の美祢駅や重安駅から輸送される石灰石の輸送でにぎわいましたが、いまは山陽小野田市の工業地帯を走る通勤路線となっています。近年は利用者が減っており、同じくJR西日本の宇部線とともにBRT（バス・ラピッド・トランジット。専用道路を走るバス）への転換もうわさされています。

　小野田駅を出発して最初の停車駅である目出駅は、かつて「めでたい」に通じる縁起のよい駅として人気がありました。駅自体も、有帆川沿いの眺めのよい場所にあります。しかし、沿線に森や山が見えるのは須恵丘陵を越えて次の南中川駅までです。その先は山陽小野田市の市街地を進みます。

　南中川駅の次の南小野田駅で右に見える

○小野田駅は小野田線の起点であり、山陽小野田市の代表駅でもある。かつては小野田線と山陽線とを行き来する貨物列車が多数運転されていたが、いまは姿を消してしまった。*

○居能駅に到着した普通列車。この駅を発着する小野田線の列車は宇部線に乗り入れて1駅先の宇部新川駅を始発、終着としている。*

56

○ 小野田線で使用されているJR西日本のクモハ123形。国鉄時代に旅客ではなく、新聞などの小荷物を運ぶ荷物電車として製造され、旅客電車に改造されたという異色の経歴をもつ。現在は黄色1色に塗り替えられた。宇部新川駅

のは太平洋セメント小野田事業所。1994（平成6）年までは小野田セメントという会社でした。踏切から見える白い三角の建物は、昭和初期に建てられた旧小野田セメント本社事務所。当時流行していた、直線的なデザインが特徴のアール・デコという様式を取り入れた貴重な建物です。その少し先には、1883（明治16）年に建てられた「旧小野田セメント製造株式会社竪窯」も見え、どちらも経済産業省の「近代化産業遺産」に認定されています。次の小野田港駅は、開業当時はセメント町駅という名称の終着駅でした。このあたりでは、1980年代までたくさんの工場引込線が分岐していましたが、国鉄分割民営化の直前の1986（昭和61）年に貨物輸送が全廃され、いまではすべて撤去されています。

雀田駅は、本山線と呼ばれる長門本山駅への支線の分岐駅。このあたりからは田園風景が広がり、全長344mの厚東川橋りょうで厚東川を渡ると、宇部線が合流して居能駅に到着します。

雀田駅から分岐する通称・本山線は、雀田～居能間とともに、いまの宇部線の前身である宇部鉄道が建設した区間です。2003（平成15）年までは、JR旅客会社で茶色い旧型国電が走る最後の路線として人気がありました。いまは早朝、夕方の1日3往復しか運行されていません。長門本山駅の周辺は現在は住宅地ですが、かつてはあたり一帯の海底を掘った本山炭鉱があった集落で、駅近くの住宅地に封鎖された坑口が保存されています。

○ 雀田駅は長門本山駅方面への支線の起点だ。支線では1日3本の列車しか運転されず、普段は閑散としている。

JR西日本
岩徳線
岩国〜櫛ケ浜間　[営業キロ]43.7km

[最初の区間の開業]1929(昭和4)年4月5日／岩国〜西岩国間
[最後の区間の開業]1934(昭和9)年12月1日／西岩国〜高水間
[複線区間]なし
[電化区間]なし
[旅客輸送密度]1330人

幹線として栄えた姿をいまに伝える

　JR西日本の岩徳線は山口県岩国市にある岩国駅を起点とし、同じく山口県の周南市にある櫛ケ浜駅を終点とする43.7kmの路線です。岩国駅、櫛ケ浜駅ともJR西日本の山陽線の列車も発着します。

　路線名は岩国駅から「岩」、そして櫛ケ浜駅から山陽線に乗り入れて次の駅となる山口県周南市の徳山駅から「徳」を、それぞれ取って名づけられました。岩国〜櫛ケ浜間は山陽線を経由しますと65.4kmあり、岩徳線経由のほうが21.7kmも短くなっています。

　もともと岩徳線は、いまの山陽線が大回りをしていたのを改める目的で建設された路線です。全線が開業した1934(昭和9)年12月1日には山陽本線を名乗り、従来の山陽線は柳井線へと改められました。しかし、岩国駅から4つ目の柱野駅とその2駅先の玖珂駅との間にある長さ3117mの欽明路トンネルが問題となり、1944(昭和19)年10月11日に山陽本線から岩徳線へと改められて今日に至っています。当時は蒸気機関車が主流であったので、長い欽明路トンネルでは煙の害がひどかったために敬遠されたそうです。

　岩国駅を出発した列車は右に大きく曲がって山陽線と分かれ、岩国市の市街地を進みます。次の西岩国駅を出て錦川を渡り、隣の川西駅を経て森ケ原信号場で錦川鉄道錦川清流線(47ペ

○長さ239mの錦川橋りょうを普通列車が渡っていく。この橋りょうを含む岩国〜川西間は岩徳線の列車のほか、錦川鉄道錦川清流線の列車も通過する。西岩国〜川西間*

○岩国駅で出発を待つ岩徳線の普通列車。写真に見える駅名標は山陽線のもので、岩徳線の場合は岩国駅の次の駅は西岩国駅である。*

○西岩国駅は1929年4月5日の開業時には岩国駅を名乗り、現在の岩国駅は麻里布駅と称していた。しかし、岩国市の中心が麻里布駅周辺に移ったため、当時はまだ岩徳線が山陽本線であったにもかかわらず、1942年4月1日には西岩国駅へと改められて今日に至る。*

ージ）が分かれました。すぐに短いトンネルに入り、柱野駅に到着です。この駅を出発してほどなく欽明路トンネルに入ります。

　欽明路トンネルを出ますと周囲が開けてきました。水田の周囲に建物が並ぶ街が見えてきましたら欽明路駅に到着です。そして、列車はそのまま市街地を走り、玖珂駅に着きました。

　列車はのんびりと走ってはいますが、岩徳線の線路は幹線として設計されただけに最初からローカル鉄道路線として開業された線路とは様子が異なります。線路は直線がちで、最も急なカーブの半径は岩国駅付近の350ｍを除けばあとは400ｍです。こう配も10パーミルに抑えられていますし、レールやまくらぎの下に敷かれているバラストと呼ばれる砂利も厚くなっています。

　玖珂駅の次の周防高森(すおうたかもり)駅までの間も市街地です。このあたりは山陽道という街道沿いにあり、いまも国道2号や山陽自動車道がやはり近くを通っています。道路だけではありません。山陽線の改良版である山陽新幹線も岩徳線に近いルートを採用しました。

　周防高森駅から2つ目の高水(たかみず)駅まではやや山あいの区間です。そして、高水駅からは国道2号とともに、開けた土地のなかを進み、終点の櫛ケ浜駅となります。開業時期がもっと遅かったら、あるいは開業と同時に電化されていたら、岩徳線の姿はいまと違うものになっていたかもしれません。

○高水駅を出発した普通列車が櫛ケ浜駅方面を目指す。行き違い用の線路は多数の車両を連結した列車の入線が可能で、岩徳線が幹線として設計されたことを示す。*

JR西日本
山口線
新山口〜益田間　[営業キロ]93.9km

[最初の区間の開業]1913（大正2）年2月20日／新山口〜山口間
[最後の区間の開業]1923（大正12）年4月1日／津和野〜益田間
[複線区間]なし
[電化区間]なし
[旅客輸送密度]1560人

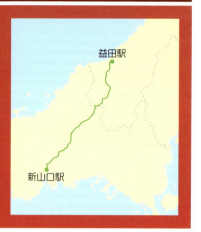

山陽線と山陰線とを結び、山口市の中心部に乗り入れる

　JR西日本の山口線は山口県山口市にある新山口駅を起点とし、島根県益田市にある益田駅を終点とする93.9kmの路線です。新山口駅には山陽新幹線や山陽線、宇部線といずれもJR西日本の路線の列車も、益田駅にはJR西日本の山陰線の列車もそれぞれ発着しています。

　冒頭にも挙げましたとおり、山口線は1923（大正12）年4月1日に島根県津和野町の津和野駅から益田駅までの31.0kmが開業して全線が開通しました。この時点で26ページでも取り上げたいまのJR西日本の山陰線は、益田駅から終点の幡生駅までの間のうち、どちらもいまの山口県下関市にある滝部駅と小串駅との間の15.1kmがまだ建設の途中であったのです。滝部〜小串間の開業は1925（大正14）年8月16日と比較的間近に迫っていましたから、山口線は山陰本線と名乗ることはありませんでした。でも、開業からしばらくの間は山口県内で山陽線と山陰線とを結ぶただ一つの路線としての役割を果たしていたのです。

　山口線の果たしている役割はもう一つあります。路線名にもあるように、山口県の県庁所在地である山口市の中心部を結ぶことです。山口市の中心部は山陽線のルートから外れた結果、長い間鉄道が通っていません

○宮野駅と仁保駅との間を普通列車が行く。山口線の普通列車にはJR西日本のキハ40系というディーゼルカーが中心となって使用されている。*

でした。新山口駅と山口駅との間の12.7km の開業が1913（大正2）年2月20日と山口線のなかで最も早かったのは、平坦な区間で建設工事が容易であった点もありますが、それよりもいま挙げた目的を果たすためであったからです。

新山口駅を出発した列車は、市街地の続く山口盆地のなかを進みます。山口駅は新山口駅から7つ目です。その山口駅から2つ目の宮野駅を過ぎますと、山口線の様相は一変して山岳路線となります。

こう配はおおむね25パーミルです。山口線には観光列車として、蒸気機関車が客車をけん引するSL「やまぐち」号が運転されています。ディーゼルカーと比べて力の弱い蒸気機関車は、宮野駅から次の仁保駅を経て長さ1897mの田代トンネルを出たあたりにある峠までの、約12kmにわたって坂道との格闘を続けなくてはなりません。なお、仁保駅を出てすぐのところにある木戸山トンネルの工事は困難の連続で、掘削中に崩壊して19人の工事関係者が犠牲になったそうです。

○山口県の県庁所在地である山口市にある山口駅。山陽線の新山口駅と山口駅とを結ぶというのが山口線が建設された目的の一つである。*

峠からいったん下り坂となった山口線は、仁保駅から9つ目の船平山駅まで緩い坂を上り続け、ここから16.7パーミルのこう配で坂を降りていきます。坂を降りる途中にある、船平山駅の次の津和野駅周辺は山陰の小京都として古い街並みの残る街です。

山岳区間はなおも続きますが、こう配は比較的緩く、ディーゼルカーは快調に走ります。津和野駅から6つ目の本俣賀駅もまだ山あいでしたが、この駅を出ますと急に周囲は開け、終点の益田駅に到着です。

○難工事となり、いまも急こう配で蒸気機関車の行く手を阻む木戸山トンネルを特急「スーパーおき」が通過する。「スーパーおき」は新山口駅と山陰線の米子駅または鳥取駅までの間を結ぶ特急列車で、使用されている車両はJR西日本のキハ187系だ。仁保～篠目間*

○山口線では新山口～津和野間に観光列車のSL「やまぐち」号が週末を中心に運転されている。JR西日本のC57形（写真）またはD51形といった蒸気機関車が同社のレトロ客車をけん引する列車だ。船平山～津和野間*

JR四国 鳴門線

池谷～鳴門間　[営業キロ] 8.5km

[最初の区間の開業] 1916（大正5）年7月1日／池谷～撫養間
[最後の区間の開業] 1928（昭和3）年1月18日／撫養～鳴門間
[複線区間] なし
[電化区間] なし
[旅客輸送密度] 1944人

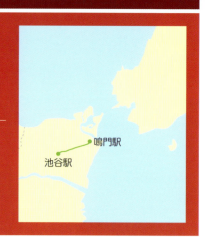

鳴門、徳島の両都市を結ぶことを夢見た路線

　JR四国の鳴門線は徳島県鳴門市にある池谷駅を起点とし、同じく鳴門市の鳴門駅を終点とする8.5kmの路線です。池谷駅にはJR四国の高徳線の列車も発着しています。

　いまでこそ全線が鳴門市内に閉じ込められてはいますが、もとは徳島県徳島市と鳴門市との間を結ぶ目的で建設されました。鳴門線は元は阿波電気軌道という私鉄の手によって1916（大正5）年7月1日に池谷駅と終点の鳴門駅の一つ前の撫養駅との間をはじめ、いまのJR四国の高徳線の一部である吉成駅と池谷駅との間も開業を果たしたのです。なお、阿波電気軌道はいまは徳島市にあり、当時は徳島県応神村にあった吉成駅から東に延びる路線も同時に開業させており、2.8km先でいまの徳島市応神町古川東付近に古川駅を開設しました。

　阿波電気軌道は古川駅をターミナルとするつもりはなく、吉野川の対岸にある徳島市の中心部を目指す予定であったと考えられます。残念ながら、古川駅の置かれていた付近では吉野川の幅は1kmほどと広く、橋りょうをかけることが難しかったのでしょう。結局、同社の夢は実現することなく、1933（昭和8）年7月1日に国有化されています。ちなみに、阿波電気軌道という社名から電車が走っていたように思われますが、実際には電化されていなかったそうで、ほどなく阿波鉄道へと改称されました。

　現在、鳴門線の列車の大多数の列車は徳島駅を発着しています。阿波電気軌道の計画を引き継いで本巻も徳島駅から鳴門線の旅を始めましょう。

○鳴門線の起点・池谷駅。写真左が鳴門駅方面で、写真右が徳島駅方面だ。

○ 大都市の郊外といった趣の徳島県鳴門市内を普通列車が行く。写真の車両はJR四国の1500形というディーゼルカーである。立道〜教会前間

　徳島駅を出発した列車は隣の佐古駅までは複線、正確には高徳線の単線の線路と徳島線の単線の線路とが並べられた区間を走ります。高架橋に設けられた佐古駅を出発して徳島線と分かれても高架橋は途切れません。地平に降りたと思ったらまずは長さ295mの鮎喰川橋りょうで鮎喰川、そして長さ119mの飯尾川橋りょうで飯尾川、長さ949mの吉野川橋りょうで吉野川と続けて3つの川を渡ります。

　徳島市の市街地は広く、徳島駅から3つ目の勝瑞駅を出たあたりまでです。勝瑞駅を出ますと周囲に水田が広がってきました。次の池谷駅で高徳線と分岐します。

　正式な鳴門線の区間に入ってから東北東に進む列車の周りには民家が建ち並び、郊外の路線の趣が深まりました。池谷駅から3つ目の教会前駅の「教会」とは、駅の北側にある天理教の撫養大教会にちなんでいます。その隣の金比羅前駅はやはり駅の北側にある金刀比羅神社に近いことから名づけられました。

　線路の周囲にはさらに民家が建て込み、やがて列車は左に曲がります。金比羅前駅から2つ目の終点・鳴門駅に到着です。

○ 鳴門駅で出発を待つ鳴門線の普通列車。ほぼすべての列車が池谷駅から高徳線に乗り入れて徳島駅までの間を結んでいる。

○ 鳴門線の終点・鳴門駅は開業当時は撫養駅と称していた。1948年8月1日に鳴門駅に改められ、同時に隣の蛭子前駅が撫養駅へと変更されている。

JR四国 予讃線

高松〜宇和島間、向井原〜内子間、伊予大洲〜新谷間　［営業キロ］327.0km

［最初の区間の開業］1889（明治22）年5月23日／丸亀〜多度津間
［最後の区間の開業］1945（昭和20）年6月20日／八幡浜〜卯之町間
［複線区間］高松〜多度津間
［電化区間］高松〜伊予市間／直流1500ボルト
［旅客輸送密度］6748人

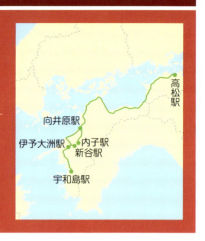

主要ルートから外れたものの、瀬戸内海の絶景が楽しめる

　JR四国の予讃線は香川県高松市の高松駅を起点とし、愛媛県宇和島市の宇和島駅を終点とする297.6kmの路線です。ほかにも枝分かれする線として愛媛県伊予市の向井原駅から愛媛県内子町にある内子駅までの23.5kmと、愛媛県大洲市にある伊予大洲駅と同じく大洲市にある新谷駅との間の5.9kmをもち、合わせて営業キロは327.0kmとなります。

　予讃線には複線区間や電化区間があり、特急列車も全線にわたって運転されている幹線です。2015（平成27）年度の旅客輸送密度も6748人を記録しました。ところが、JR四国によりますと先に挙げた297.6kmに含まれる区間のうち、向井原駅と伊予大洲駅との間の41.0kmの旅客輸送密度は2016（平成28）年度に442人にすぎません。

　なぜこの区間だけ極端に少ないかといいますと、予讃線の特急列車をはじめとする多くの列車は先ほど枝分かれするといいました区間を通っているからです。特急「宇和海」などは、向井原駅から内子駅まで出て、この駅から内子線に乗り入れて新谷駅まで行き、再び予讃線の枝分かれする区間に乗り入れて伊予大洲駅へと至ります。

　このような運転形態となったのは1986（昭和61）

○主要な幹線ルートから外れた予讃線向井原〜伊予大洲間には景色のよい場所が多い。写真の串〜喜多灘間もその一つ。長さ81mの本村橋りょうを渡る列車の車窓から瀬戸内海に浮かぶ島々を眺めることができる。

○下灘駅は予讃線の駅のなかで最も海に近い駅として知られる。観光地としても知られ、駅で記念写真を撮る人も多い。*

○海沿いを行く予讃線の景色を楽しむために誕生したのが観光列車の「伊予灘ものがたり」だ。予讃線の松山駅と伊予大洲駅または八幡浜駅との間を結んでいる。*

年3月3日からです。なぜ切り替えられたのかは、実際に内子線を経由しない従来の区間を行く列車に乗りながら説明しましょう。

向井原駅を出発した列車はしばらくの間は山あいの区間を進み、次の高野川駅で右側に瀬戸内海が見えてきました。瀬戸内海の眺めは、5つ目で19.2km先の伊予長浜駅までほぼ全区間で望むことができます。

旅人にとっては気持ちのよい景色も、鉄道を保守する側から見ますと大変です。海岸沿いの線路はたびたび高波の被害に遭い、また山側の斜面は大変急なために土砂の崩落もひんぱんに起きていました。JR四国の前身の国鉄は予讃線の線路を山あいに移すこととし、現在の内子線経由のルートが完成したのです。

高野川駅から2つ目の下灘駅は、今回紹介した区間に設けられた駅のなかでも海が最も身近に感じられます。何しろプラットホームの前を遮るものはなく、一面の海が広がっているからです。JR四国は観光列車の「伊予灘ものがたり」を走らせていまして、下灘駅で10分ほど停車します。

次の串駅、その隣の喜多灘駅も手前に木があるものの、瀬戸内海がよく望める駅です。長らく続いた海沿いの区間は喜多灘駅の次の伊予長浜駅で終わります。この駅から列車は進路を西南西から南東へと変え、肱川によって形成された谷間を進むようになりました。途中、伊予長浜駅から4つ目の春賀駅と次の五郎駅との間で短い峠越えがあり、25パーミルのこう配の坂を上り下りします。五郎駅を出ますと次は伊予大洲駅です。

○予讃線向井原～伊予大洲間のうち、伊予長浜駅を境に向井原駅方面は海沿いの景色、伊予大洲駅方面は谷間の景色となる。写真は伊予長浜～伊予大洲間の途中駅、伊予白滝駅。松山駅行きの普通列車は写真奥の向井原駅方面に向けて出発していった。*

21

JR九州
日南線
南宮崎〜志布志間　[営業キロ]88.9km

[最初の区間の開業]1935(昭和10)年4月15日／榎原〜志布志間
[最後の区間の開業]1963(昭和38)年5月8日／南宮崎〜北郷間
[複線区間]なし
[電化区間]南宮崎〜田吉間／交流2万ボルト、60ヘルツ
[旅客輸送密度]823人

日南海岸と志布志湾とに沿う南国の路線

　JR九州の日南線は宮崎県宮崎市にあり、JR九州の日豊線の列車も発着する南宮崎駅を起点とし、鹿児島県志布志市にある志布志駅を終点とする88.9kmの路線です。路線名の「日南」とは宮崎県南部にある市の名を指します。と同時にこの周辺一帯の海岸を指す言葉です。日南線は日南市を通ると同時に、日南海岸国定公園と呼ばれる自然公園の一帯も通っていて、路線名がそのまま路線の性質を的確に表しているといえます。

　冒頭でも触れたとおり、JR九州の前身となる国鉄、そして国有鉄道の手によって建設された日南線は、終点の志布志駅側から開業を果たしました。路線の多くは都心部に近い側から開業するなか、宮崎県の県庁所在地にある南宮崎駅側が最後に開業したという点が日南線の特徴です。実はいまの南宮崎駅付近といまの内海駅付近との間の約20kmには、1913(大正2)年10月31日に開業した宮崎交通の鉄道路線がありました。このため、国鉄、国有鉄道はあえてこの区間に鉄道を建設しなかったのです。

○日南線沿線で最大の観光地といえば青島だ。「鬼の洗濯板」と呼ばれる奇岩を見ながら、弥生橋で結ばれた青島(写真奥)へ渡る。*

○青島駅に到着した観光列車の特急「海幸山幸」。この列車は日豊線の宮崎駅と日南線の南郷駅との間を結んでいる。*

○細田川橋りょう（長さ175m）を普通列車が行く。河口に近いため、海の上を通っているかのようだ。大堂津〜南郷間

　やがて日南線が志布志駅から北郷駅まで開業しますと、宮崎交通の鉄道路線の部分も含めて国鉄の路線とすることが計画されました。結局、宮崎交通の路線は1962（昭和37）年7月1日に廃止され、線路の跡地の大部分を買収した国鉄によって翌63（昭和38）年5月8日に日南線は全線が開業を果たします。法規上では南宮崎〜北郷間は全くの新線として扱われ、宮崎交通時代の履歴は引き継がれていません。

　南宮崎駅から南西に向けて出発した列車はすぐに左に曲がって日豊線と分かれました。南南東に進んで最初の駅は田吉駅です。この駅を出て山内川を渡りますと線路が左に分かれます。宮崎空港線の線路で、分岐した地点から約1kmほど東に行くと終点の宮崎空港駅です。

　田吉駅から6つ目の青島駅は日南海岸にある観光地としてよく知られています。青島とは周囲1.5kmほどの島で、「鬼の洗濯板」と呼ばれる奇岩が島を囲む景勝地です。駅からは弥生橋を渡って10分ほどで青島に行くことができます。

　お待ちかねの日南海岸の眺めは青島駅から2つ目の内海駅のあたりから楽しめます。各所でトンネルに入るなか、内海駅から2つ目の伊比井駅まではよく見えるでしょう。

　再び日南海岸を望むことができるのは、伊比井駅から5つ目の油津駅を出てしばらくしてからです。次の大堂津駅を出てやはりしばらくは海の眺めを堪能できます。再度内陸に入った後、大堂津駅から7つ目の福島今町駅を出ますとようやく海が現れました。ただし、ここで見える海は日向灘ではなく志布志湾です。列車は海沿いや海に近い場所を進み、福島今町駅から3つ目にある終点・志布志駅に着きました。

○日南線の終点・志布志駅。国鉄時代には日豊線の西都城駅とこの駅とを結ぶ志布志線、この駅と日豊線の国分駅とを結ぶ大隅線の列車も発着していたが、どちらも1987年3月に相次いで廃止された。*

スカイレールサービス
広島短距離交通瀬野線
みどり口～みどり中央間　[営業キロ] 1.3km

[最初の区間の開業] 1998（平成10）年8月28日／みどり口～みどり中央間
[最後の区間の開業] ―
[複線区間] みどり口～みどり中央間
[電化区間] みどり口～みどり中央間／直流440ボルト
[旅客輸送密度] 1143人

新興住宅地への足となる新時代の鉄道

　スカイレールサービスという鉄道会社の広島短距離交通瀬野線という路線は、広島県広島市に敷かれています。JR西日本の山陽線の列車が発着する瀬野駅に隣接するみどり口駅を起点とし、みどり中央駅を終点とするわずか1.3kmの路線です。途中駅はみどり中街駅の1駅だけで、みどり口駅から0.7km、みどり中央駅から0.6kmの場所に設けられました。

　沿線にお住まいの皆さんにお断りしなければならない点があります。ローカル鉄道路線の一つとして広島短距離交通瀬野線を紹介しましたが、どこからどう見てもローカル鉄道路線ではありません。「スカイレールタウンみどり坂」という大手住宅メーカーが造成した新興住宅地への交通機関となっているからです。この新興住宅地は120万m²の広大な敷地に2000近い区画が用意されており、すべての区画に家が建ちましたら5000人以上が暮らす街となります。

　ではなぜ取り上げたかといいますと、旅客輸送密度が1143人と本巻で取り上げる路線の基準を満たしたからです。この数値も実際に利用してみるとわかります。列車は1両編成で運転されており、使用されているのは定員が25人の車両だからです。とはいえ、

○美しく整備された住宅地のなかを行く広島短距離交通瀬野線の車両。車両に動力を生み出す装置を搭載していないスカイレールは一般的な鉄道と比べて騒音や振動が少ないため、住宅地を通り抜ける交通機関として適している。*

○スカイレールサービスの200形は6両が在籍している。写真に見えるベンチのようないすが設けられており、座席の定員は8人ほど。200形の定員自体は25人なので、残る17人は立って乗ることとなる。著者撮影

○広島短距離交通瀬野線の車両からみどり口駅（写真左）を見たところ。写真奥に見えるプラットホームはJR西日本山陽線の瀬野駅だ。みどり口駅から数百m程度の場所ながら、一気に高度を上げていることがよくわかる。著者撮影

○みどり中街駅に到着した車両。駅に近づくと車両はロープを放し、リニアモーターで動いて定位置に止める。著者撮影

　過疎地を行く利用者の少ない鉄道だけがローカル鉄道路線ではありません。地域に密着して人々に親しまれている鉄道という意味では、広島短距離交通瀬野線も立派なローカル鉄道路線といえます。

　みどり口駅に行きますと、車両や線路の姿に驚くことでしょう。これまたどこからどう見てもロープウェイにしか見えないからです。実際に200形と呼ばれる車両が走行している光景を見ますと、ロープに車両がぶら下がっていて、循環するロープが動くとともに一緒に進んでいます。

　ところが、駅での光景は異なっていて、車両は駅に近づくとロープから離され、軌道桁（きどうけた）をリニアモーターによって駆動されて進むのです。この結果、車両はロープの動きに関係なく自由に停車でき、また自由に出発できます。つまり、ぶら下がって走る懸垂式（けんすいしき）モノレールと同じ仕組みをもち、ロープウェイと懸垂式モノレールとの特徴を兼ね備えた全国でもここだけの鉄道です。

　もう一つ、線路が大変な急こう配となっている点にも驚かされます。標高はみどり口駅付近が51.5mで、終点のみどり中央駅付近が215mと標高差は163.5mあり、平均しますとこう配は126パーミルほどです。まさにケーブルカーやロープウェイ並みで、距離が近いからとスカイレールタウンみどり坂を徒歩で上っていくと息が切れてしまいます。

　広島短距離交通瀬野線の旅はわずか5分です。終点のみどり中央駅前には真新しい住宅が建ち並び、明るい未来を予感させます。

松浦鉄道
西九州線
有田〜佐世保間　[営業キロ]93.8km

[最初の区間の開業]1898(明治31)年8月7日／有田〜伊万里間
[最後の区間の開業]1944(昭和19)年4月13日／潜竜ヶ滝〜吉井間
[複線区間]なし
[電化区間]なし
[旅客輸送密度]878人

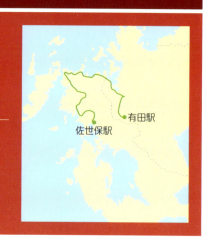

北松浦半島の海岸に沿って進む路線

　松浦鉄道の西九州線は佐賀県有田町の有田駅を起点とし、長崎県佐世保市にある佐世保駅を終点とする93.8kmの路線です。有田駅、佐世保駅ともにJR九州の佐世保線の列車が発着しています。

　西九州線はもとは国鉄、JR九州の松浦線でした。しかし、特定地方交通線に指定されたために経営が分離されることとなり、1988(昭和63)年4月1日に第三セクター鉄道の松浦鉄道として再スタートを切ったのです。

　ところで、有田駅と佐世保駅との間は佐世保線でしたら20.6kmの道のりですが、西九州線はその4.6倍も大回りします。線路が北松浦半島と呼ばれる半島の海岸沿いを長い距離にわたって進むためで、時間があれば西九州線を全線乗り通すのも意義のあることでしょう。

　有田駅を西北西に向けて出発した列車は1kmあまり佐世保線の線路と並走し、やがて佐世保線は左へ分かれていきました。この分岐点の近くには真右エ門と呼ばれる有田焼の名工の一人が窯を構えています。有田町は全国的に有名な磁器の有田焼の産地です。これから通る伊万里駅のある佐賀県伊万里市も

○伊万里駅は行き止まり式のつくりとなっていて、佐世保駅、有田駅いずれの方面に向かう列車もこの駅で折り返す。写真奥の駅舎のさらに奥にあるJR九州筑肥線の線路と結ばれていたが、いまは切り離されている。

○満開の桜が咲き誇る浦ノ崎駅に普通列車が到着した。約90本の桜の木は、浦ノ崎駅が開業した1930年10月1日とほぼ同時期に植樹されたという。*

○西九州線の線路は地図上では海沿いに敷かれているように見えるが、案外そのような区間は少ない。写真はその数少ない海沿いの区間を行く西九州線の普通列車だ。鷹島口～前浜間

伊万里焼が知られています。実は有田焼も伊万里焼も同じもので、有田焼を積み出した港が伊万里にあったため、消費地では伊万里焼と呼ばれたのだそうです。

列車は有田川によって形づくられた割合広い谷間を進みます。有田駅と伊万里駅との間の13.0kmは伊万里鉄道によって建設され、1898（明治31）年8月7日に開業した区間です。同年の12月28日には九州鉄道に譲渡され、1907（明治40）年7月1日に国有化されました。

伊万里駅ではJR九州の筑肥線の列車も同じ構内に発着します。興味深いことに西九州線の列車の向きは筑肥線方面を向いていて、佐世保駅方面へは折り返さなくてはなりません。これから行く佐世保駅方面は国有鉄道としてつくられたため、伊万里駅構内での向きが異なってしまったのでしょう。

伊万里駅から6つ目の波瀬駅のあたりで列車の右側に伊万里湾が姿を表しました。一時内陸に入り込むものの、波瀬駅から4駅目の鷹島口駅のあたりから海は再びよく見えるようになります。

鷹島口駅から4つ目の松浦発電所前駅を過ぎますと、海に近い区間ながら険しい峠越えに挑まなくてはなりません。こう配は33パーミルと内陸を行く山岳路線並みです。

松浦発電所前駅から5つ目のたびら平戸口駅は、世界遺産となった「長崎と天草地方の潜伏キリシタン関連遺産」の一つ「平戸の聖地と集落」への入口となります。と同時にこの駅は九州で最も西に位置する駅です。

北松浦半島を南下しますが、海はなかなか現れません。たびら平戸口駅から14駅先の相浦駅あたりでしょうか。この駅から相浦川に沿って谷間を進み、相浦駅から9つ目の山の田駅からは佐世保川に沿い、河口が近づくころ、終点の佐世保駅に到着です。

○たびら平戸口駅は九州で最も西に位置する駅で、沖縄都市モノレール線が開業するまでは全国で最も西にある駅として知られていた。駅には松浦鉄道に関する資料が展示されている。*

南阿蘇鉄道
高森線
立野〜高森間　［営業キロ］17.7km

［最初の区間の開業］1928（昭和3）年2月12日／立野〜高森間
［最後の区間の開業］—
［複線区間］なし
［電化区間］なし
［旅客輸送密度］564人

全線復旧の日を待つ阿蘇カルデラを走る路線

　熊本県の阿蘇山は日本有数のカルデラ地形で知られています。カルデラとは、おもに火山の爆発によって生まれるくぼ地で、阿蘇山は東西18km、南北25kmの広大なカルデラを有しています。

　その阿蘇カルデラをトコトコと走る第三セクター鉄道が南阿蘇鉄道の高森線です。国鉄の高森線として昭和初期に開業し、1986（昭和61）年4月1日に南阿蘇鉄道に転換されました。阿蘇山の美しい景色を楽しめる路線としてトロッコ列車も運行されていましたが、2016（平成28）年4月に発生した熊本地震によって大きな被害を受け、2019年3月現在も立野駅と中松駅との間の10.5kmが不通となっています。ですが、国と全国の人々による支援によって、復旧工事が始まりました。ここでは、元気なころの南阿蘇鉄道を紹介しましょう。

　JR九州の豊肥線との接続駅である立野駅を出発すると、列車はすぐに深い谷に入ります。ここは阿蘇カルデラを取り囲む外輪山。線路に近づく川は白川で、高森線はこの川がつくった外輪山の切れ目から阿蘇カルデラに入っていきます。小さなトンネルを抜けた先は、全長166mの第一白川橋りょう。水面からの高さは60m以上あり、建設当時は日本一高い鉄道橋でした。

　トンネルを抜けて、最初の停車駅の長陽駅まで来ますと、平野のような地形に出ます。ここはもう阿蘇カルデラの内側。進行方向

○現在は不通となっている立野駅と長陽駅との間にある第一白川橋りょうを行く普通列車。高さは60mあり、観光列車のトロッコ列車からの眺めは迫力満点だ。＊

○南阿蘇水の生まれる里白水高原駅をいままさに普通列車が出発した。日本一長い駅名として知られているが、残念ながら熊本地震で不通となっていて2019年3月の時点では営業を行っていない。＊

右側の山は外輪山で、左の山はカルデラの中心にある中央火口丘です。南阿蘇水の生まれる里白水高原駅は、ひらがなで22文字と、日本で一番長い駅名の駅です。阿蘇カルデラは湧水が豊富で、沿線には10カ所以上の水源があります。3つ先の南阿蘇白川水源駅近くの白川水源は、環境省の名水百選にも選ばれています。

　中松駅からはいまも列車が走っている区間です。このあたりは烏帽子岳、中岳などの中央火口丘がよく見え、その形は右を頭にお釈迦様が寝た姿に例えられます。

　見晴台駅を過ぎると、終点・高森駅の手前で大きく左にカーブしますが、直進した先に公園が見えます。こちらは高森湧水トンネル公園です。高森線は本来宮崎県の高千穂町まで延び、国鉄の高千穂線、後の高千穂鉄道高千穂線（現在は廃止）につながるはずでした。ところが、トンネル工事中に毎分32トンという大変な出水が発生し、工事が中止されたのです。つくりかけのトンネルは、湧水公園に生まれ変わりました。

　高森線は阿蘇カルデラの雄大な自然を体験できる鉄道として、全線復旧の日を待っています。

○見晴台駅に到着したトロッコ列車。この駅が1986年10月1日に開業した当時は駅舎の屋上に見晴台が設けられていたが、いまは見晴台のない駅舎に建て替えられた。＊

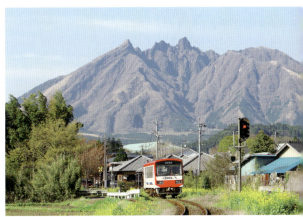

○普通列車が写真奥に見える高森駅に進入する。列車のはるか先に見える山は阿蘇五岳の一つである標高1433mの根子岳だ。＊

25

沖縄都市モノレール
沖縄都市モノレール線
那覇空港～首里間　［営業キロ］12.9km

［最初の区間の開業］2003（平成15）年8月10日／那覇空港～首里間
［最後の区間の開業］—
［複線区間］那覇空港～首里間
［電化区間］那覇空港～首里間／直流1500ボルト
［旅客輸送密度］1万5318人

沖縄でただ一つの鉄道「ゆいレール」

　沖縄県唯一の鉄道。それが沖縄都市モノレールの沖縄都市モノレール線、通称「ゆいレール」です。沖縄には戦前まで沖縄県営鉄道をはじめいくつかの鉄道がありましたが、太平洋戦争の沖縄戦で破壊され消滅。戦後はアメリカ支配の下、鉄道は復活しませんでした。しかし、那覇市街では渋滞が激しく、新しい都市交通として軌道桁に車両がまたがって走る跨座式のモノレールが建設されたのです。車に慣れた沖縄の人たちがモノレールを利用するか心配されましたが、いまではすっかり市民の生活に定着しました。旅客輸送密度は本巻の基準を超えていますが、沖縄ただ一つの鉄道として、そして沖縄県民待望の鉄道ということで紹介しましょう。

　ゆいレールの起点は沖縄の玄関、那覇空港駅。この駅は東経127度39分8秒に位置する日本最西端の駅です。自動券売機できっぷを買いましょう。ゆいレールの乗車券は紙に2次元バーコードが印刷されていて、自動改札機にタッチして読み込ませるという、鉄道としては珍しいタイプです。全線乗り放題の1日乗車券は「購入から24時間有効」で、翌日の同時刻まで使えるお得な方式です。

　2両編成の、ずんぐりとしたかわいいモノレールに乗りましょう。那覇空港駅を出発するとすぐ、右側に小さな車両基地が見えます。ここには「ゆいレール展示館」が併設されていて、ゆいレールの歴史を知ることができるほか、2008（平成20）年に廃止された寝台特急「なは」（京都～熊本間）のヘッドマークも展示されています。

　那覇空港駅は最西端でしたが、最初の停車駅の赤嶺駅は北緯26度11分36秒に位置する日本最南端の駅で、駅前に石碑があります。

○沖縄県営鉄道のガソリン動車が、沖縄県嘉手納市の嘉手納駅で那覇駅を目指して出発を待つ。太平洋戦争の激化によって沖縄県営鉄道は1945年3月に運転を休止し、その後復活することはなかった。

○ 遠くに東シナ海を望みながら、沖縄都市モノレールの電車は那覇空港駅を目指す。写真からもわかるとおり、軌道桁はビルよりも高い位置に敷かれているため、見晴らしがよい。市立病院前〜儀保間*

　那覇市街に入ったモノレールは東へ進み、赤嶺駅から2つ目の奥武山公園駅の先で国場川を渡ります。ここが、ゆいレールのハイライトです。川の上で大きく北へカーブし、車窓左側に国場川と奥武山公園のパノラマが広がります。

　奥武山公園駅から2つ目の旭橋駅を過ぎると、国場川から離れて再び東へ進みます。ゆいレールは路面電車のように東へ北へと進路を変え、各市街地を結んでいきます。高架橋は地上8mから20mまでの高さにあり、高層ビルが少ないこともあって抜群の見晴らしを楽しめます。

　おもろまち駅は、沖縄新都心とも呼ばれる商業地域に隣接した駅です。大型ショッピングセンターなどのほか、沖縄で最も高いビルもここにあります。ここはもともと米軍専用の住宅があった場所で、1987（昭和62）年に日本に返還されました。

　市立病院前駅付近から次第に丘陵地帯に入ります。右手の丘に、琉球国王の居城であった首里城が見えますと、終点・首里駅に到着です。現在はこの先、てだこ浦西駅までの延伸工事が進められています。

○ 県庁前駅に到着した沖縄都市モノレールの1000形電車。写真左奥に見える大きな建物が沖縄県庁で、写真右側が那覇空港駅方面、写真左側が首里駅方面だ。*

○ 沖縄都市モノレールは跨座式といって、車両がレールにまたがった状態で走行する仕組みをもつ。おもろまち〜古島間*

●著者略歴

梅原 淳（うめはら・じゅん）

1965年生まれ。三井銀行（現在の三井住友銀行）、月刊「鉄道ファン」編集部などを経て、2000年に鉄道ジャーナリストとして独立。『ビジュアル 日本の鉄道の歴史』全3巻（ゆまに書房）『JRは生き残れるのか』（洋泉社）『定刻運行を支える技術』（秀和システム）をはじめ多数の著書があり、講義・講演やテレビ・ラジオ・新聞等へのコメント活動も行う。

ワクワク!! ローカル鉄道路線
中国・四国・九州・沖縄編

2019年5月13日　初版1刷発行

著者　　　　梅原 淳
執筆協力　　栗原 景
発行者　　　鈴木一行
発行所　　　株式会社ゆまに書房
　　　　　　東京都千代田区内神田2-7-6
　　　　　　郵便番号　101-0047
　　　　　　電話　03-5296-0491（代表）

印刷・製本　　株式会社シナノ
本文デザイン　川本 要
©Jun Umehara 2019　Printed in Japan
ISBN978-4-8433-5334-9 C0665

落丁・乱丁本はお取替えします。
定価はカバーに表示してあります。